¿Luchas con el dolor que te causaron las heridas de tu niñez? Como alguien que trabajó con hombres por muchos años, puedo decir con confianza que *De niño quebrantado a hombre restaurado* es uno de los recursos más poderosos disponibles para ayudarte a entender lo que te sucedió y para que comiences a sanar. El enfoque compasivo de Patrick Morley y sus estrategias prácticas ofrecen tanto esperanza como ayuda para romper el ciclo para ti y tu familia.

DR. TONY EVANS
Presidente de The Urban Alternative y pastor principal de
Oak Cliff Bible Fellowship

Pat Morley sigue siendo una de las voces más sensatas y necesarias de los Estados Unidos en cuanto a la masculinidad y la hombría. En *De niño quebrantado a hombre restaurado*, lo logró de nuevo; traza el viaje desde el dolor de la niñez hasta volverse un hombre completo, sano.

DAVE RAMSEY
Autor de éxito de mayor venta

Esto no es un endoso. Es un ruego. Este libro es para ti. Debes leerlo. Patrick Morley es uno de los hombres más considerados que alguna vez hayas conocido. No se lava los dientes ni pide el desayuno sin un plan. Este libro fue escrito con la clase de atención que esperarías de un cirujano, un piloto bombardero o un autor condecorado por ventas millonarias que tiene algo muy importante que decir. Es probable que no lo sepas, pero estuviste esperando mucho, mucho tiempo este libro escrito por este hombre. Tiene la posibilidad de cambiar por completo lo que pensaste acerca de todo, comenzando con tu propia vida.

De nuevo, no te estoy sugiriendo que lo leas. Te *insto* a que lo hagas. Cuando hayas leído un par de páginas, entenderás y estarás de acuerdo. Gracias, Patrick. Necesitaba este libro; yo y miles de otros hombres.

ROBERT WOLGEMUTH
Autor de éxito de mayor venta

Aunque Jesús nos dijo que debemos ser como niños, quiso decir, sin duda alguna, que seamos la mejor versión de nuestra niñez, no los niños quebrantados que muchos de nosotros hemos sido. Pat Morley nos muestra cómo crecer mientras continuamos siendo jóvenes en el corazón. Dios no puede sanar las heridas que no identificamos. ¡Este libro sanará tus viejas heridas!

MARK BATTERSON
Autor de éxito de mayor venta del *New York Times* por el libro *El hacedor de círculos*

DE
NIÑO QUEBRANTADO
A
HOMBRE
RESTAURADO

CÓMO SANAR LAS HERIDAS DE TU NIÑEZ Y SALIR DEL CICLO VICIOSO

PATRICK MORLEY
AUTOR DE *EL HOMBRE FRENTE AL ESPEJO*

Tyndale House Publishers
Carol Stream, Illinois, EE. UU.

Visite Tyndale en Internet: TyndaleEspanol.com y BibliaNTV.com.

Tyndale y el logotipo de la pluma son marcas registradas de Tyndale House Ministries.

De niño quebrantado a hombre restaurado: Cómo sanar las heridas de tu niñez y salir del ciclo vicioso

© 2024 por Patrick Morley. Todos los derechos reservados.

Originalmente publicado en inglés en el 2024 como *From Broken Boy to Mended Man* por Tyndale House con ISBN 978-1-4964-7986-0.

Fotografía de la bicicleta en la portada © 2023 por Aleksei/Adobe Stock. Todos los derechos reservados.

Fotografía del autor © 2023 por Jason Frazier. Todos los derechos reservados.

Diseño: Jennifer Phelps

Traducción al español: Marcelo Rubén Valdez para AdrianaPowellTraducciones

Edición en español: Ayelén Horwitz para AdrianaPowellTraducciones

Publicado en asociación con la agencia literaria de Wolgemuth & Associates.

Las citas bíblicas sin otra indicación han sido tomadas de la *Santa Biblia*, Nueva Traducción Viviente, © 2010 Tyndale House Foundation. Usada con permiso de Tyndale House Publishers, 351 Executive Dr., Carol Stream, IL 60188, Estados Unidos de América. Todos los derechos reservados.

Las citas bíblicas indicadas con NVI han sido tomadas de la Santa Biblia, *Nueva Versión Internacional,*® *NVI.*® © 1999 por Biblica, Inc.® Usada con permiso. Todos los derechos reservados mundialmente.

Para información acerca de descuentos especiales para compras al por mayor, por favor contacte a Tyndale House Publishers a través de espanol@tyndale.com.

ISBN 978-1-4964-8110-8

Impreso en Estados Unidos de América
Printed in the United States of America

30   29   28   27   26   25   24
7   6   5   4   3   2   1

QUEBRANTADO, *ADJETIVO*

- que no funciona adecuadamente; fuera de servicio
- fracturado, roto, rasgado, destrozado o astillado
- lesionado o violado
- confundido o desorganizado
- interrumpido, alterado o desconectado
- debilitado en la fuerza, espíritu, etcétera
- exhausto o debilitado por enfermedad o desgracia
- (de una relación) dividida; no intacta
- (de una familia) desunida o dividida por la ausencia prolongada o permanente de uno de los padres, por lo general por causa de divorcio o abandono
- agobiado por la pena o decepción

RESTAURADO, *ADJETIVO*

- reparar (algo roto, gastado, rasgado o dañado) de modo que sea usable nuevamente
- quitar o corregir defectos o errores
- arreglar; sanar; mejorar
- progresar hacia la recuperación, de una enfermedad
- (de los huesos quebrados) que vuelven a unirse
- mejorar, las condiciones o problemas
- reparar (algo quebrado o inservible)
- mejorar o experimentar mejoras; modificar
- sanar o recuperarse[1]

Para Lottie Hillard,
la consejera compasiva quien ayudó a este niño quebrantado
a procesar el dolor de modo que pudo restaurarse.

CONTENIDO

PRÓLOGO

A LO LARGO DE LOS CUARENTA AÑOS que hace que me dedico a aconsejar a hombres que experimentaron heridas en su niñez, nunca antes leí un libro que considere más útil para esos hombres que el libro que sostienes en tus manos. Es práctico, entendible y fácil de poner en práctica; creo que eso se debe al hecho de que lo escribió un hombre que ya anduvo por aquel camino.

La realidad es que nadie escoge a sus padres y que todos somos poderosamente influenciados por las personas que nos criaron. Esa influencia puede haber sido positiva o negativa. No podemos cambiar la historia de nuestra niñez. Si tuviste padres amorosos, cariñosos y comprensivos, tu vida será mucho más fácil. Si tuviste padres que te infligieron heridas emocionales profundas, tu vida será mucho más difícil. Tristemente, muchos hombres con heridas de la niñez tienden a repetir los ejemplos negativos de sus padres.

No obstante, la buena noticia es que, aunque tú y yo estamos enormemente influenciados por nuestros padres, nuestra vida adulta no está determinada por su comportamiento. La mayoría de nosotros conocemos hombres que tuvieron padres maravillosos.

Sin embargo, estos hombres en lugar de seguir el ejemplo de sus padres tomaron malas decisiones que arruinaron su vida adulta. Por el contrario, también es posible que los hombres que tienen heridas profundas de la niñez tomen decisiones sabias y experimenten vidas productivas y fructíferas. De nuevo, somos influenciados por nuestros padres, pero nuestro éxito en la vida no está determinado por el comportamiento de ellos. Dios nos hizo libres de modo que podamos escoger nuestro propio destino.

La mayoría de los hombres que crecieron con heridas de la niñez necesitan «ayuda externa» en su viaje hacia la sanidad y la salud. Patrick Morley ofrece esa ayuda en *De niño quebrantado a hombre restaurado*. Si lees y pones en práctica los pasos de este libro, te aseguro que romperás el ciclo vicioso de tus heridas de la niñez. Puedes ser la persona que siempre quisiste ser. Puedes tener relaciones sanas. Si escoges hacer el viaje, Dios caminará contigo a lo largo del proceso.

Gary Chapman, Ph. D.
Autor de Los 5 lenguajes del amor

PRIMERA PARTE

DESENMARAÑANDO LAS HERIDAS DE TU NIÑEZ

EL ORDEN FRATERNAL
DE LOS NIÑOS
QUEBRANTADOS

SOMOS MILLONES. Llevamos a cuestas los restos del dolor causado por las heridas de la niñez.

Como resultado de este dolor no procesado, actuamos de maneras que dañan nuestras relaciones. Nos ofendemos con facilidad. Somos frágiles. Explotamos. Nos retraemos. Estamos desconcertados por nuestro comportamiento. Francamente, ni siquiera estamos seguros de cómo es el comportamiento normal.

Todos queremos silenciar las voces del pasado, pero el camino hacia adelante es un misterio. Contemplamos nuestra vida y no podemos evitar preguntarnos: *¿Hay algo mejor que esto?* Estamos aterrados por el hecho de que podríamos repetir el ciclo vicioso con nuestras esposas e hijos, en lugar de romperlo.

Lo que en realidad queremos, lo que siempre quisimos, es que nuestros padres nos amen, que crean en nosotros y estén orgullosos de nosotros. Anhelamos ser alentados, respetados y valorados.

Ansiamos su aprobación y afirmación; ser la luz de sus ojos. Esto es lo que tú y yo necesitamos desarrollar.

Cuando un joven no recibe estas cosas de parte de su mamá y su papá, termina siendo un niño pequeño con un vacío. Lo sé. Eso es lo que me sucedió.

ES PERSONAL

Cuando mi madre murió de cáncer, no sentí nada. No estuve triste. No lloré. No hubo ninguna respuesta emocional. Nada. En ese momento, tenía cincuenta y tres años.

Consciente de que algo no estaba bien, solicité un turno con una consejera para descubrir cuál era el problema. Durante ocho sesiones, mi consejera me ayudó a procesar las heridas que me causaron mi padre y mi madre, las cuales nunca había podido poner en palabras. Eso me permitió hacer duelo por la niñez que me había perdido. Me empoderó para perdonar, sanar y hacer cambios hermosos y duraderos.

El no ser capaces de entender nuestras emociones es más común para nosotros, los hombres, de lo que piensas. Los investigadores creen que muchos hombres estamos tan incapacitados emocionalmente que no solo luchamos para expresar nuestros sentimientos, sino que ni siquiera entendemos cuáles son esos sentimientos[1].

Tal vez, tú también cargas con el dolor de las heridas de tu niñez y te cuesta mucho expresarlo. Quizás tu padre o tu madre nunca estuvieron presentes. O, tal vez, uno o los dos fueron irresponsables y distantes o estaban enojados y te maltrataban o estaban ensimismados. Quizás simplemente era todo lo que sabían y podían hacer. No obstante, el resultado es el mismo y nunca lo superaste.

Si te identificas con todo esto, deseo que sepas que estás en buena compañía. La mayoría de los hombres con quienes te cruzarás hoy tuvieron padres o madres que les fallaron. De hecho, el reconocido experto en adicciones Terence Gorski escribió: «En los Estados Unidos hoy [...] se estima que aproximadamente entre el 70% y 80% de las personas provienen de familias disfuncionales»[2].

Ocho de cada diez hombres con quienes te cruces hoy en tu barrio, trabajo, gimnasio o iglesia también crecieron en hogares disfuncionales. No estás solo. Juntos somos el orden fraternal de los niños quebrantados.

¿Cuál es tu punto de partida hoy? ¿Es la pasividad, la resignación, la adicción, la ira, el espíritu crítico, la baja autoestima, la negación o la falta de confianza? ¿Te afecta tanto la crítica al punto de que explotas cuando te critican? ¿Te vuelves malhumorado y te retraes con facilidad? ¿Te sientes impulsado a ganar la aceptación de los demás en el mundo porque no la tuviste en tu hogar? ¿Te gusta sobresalir? ¿Eres protector de los débiles o campeón de las causas perdidas?

Cualquiera sea tu punto de partida, el proceso es el mismo. La Biblia prescribe un proceso para la sanidad (y la prevención) de las heridas de la niñez, el cual se ha usado constante y exitosamente por miles de años. Los psicólogos, psiquiatras y consejeros refinan o replantean el proceso, pero también es cierto que, en realidad, no hay nada nuevo bajo el sol.

ESTE ES EL PLAN

En *De niño quebrantado a hombre restaurado*, me ofrezco a guiarte, como alguien que ya anduvo el camino, a través de este proceso que pasó la prueba del tiempo. Puedes tomar el control de tu vida.

Puedes encontrar la sanidad ahora. Quizás tus heridas te *describan*, pero no tienen que *definirte*.

Al final de este viaje, habrás:

- desenmarañado lo que te sucedió;
- entendido cómo te hirieron;
- visto cómo esas heridas te afectan a ti y a las personas que amas, y
- desarrollado un plan positivo para sanar las heridas de tu niñez y para romper cualquier ciclo destructivo que te esté impidiendo avanzar.

También trabajaremos para construir una perspectiva más compasiva de nuestros padres y veremos cómo aplicar lo aprendido de una forma que nos empodere para ser mejores padres para nuestros hijos.

¿Por qué *compasión*? Por más tiempo del que debería, juzgué a mis padres despiadadamente. Sin embargo, con el paso de cada década en la que recorrí el mismo camino que ellos anduvieron. Me di cuenta de que todo es más difícil de lo que parece.

A partir del capítulo 2, cada capítulo termina con una discusión y preguntas de reflexión que te ayudarán a procesar y a aplicar lo que estás aprendiendo. Para sacar el máximo provecho de este libro, te animo a que formes un pequeño grupo de hombres, o de parejas, para que juntos discutan las preguntas. Un pequeño grupo te dará la oportunidad de escuchar y de ser escuchado, de entender y ser entendido. Después de muchas décadas de trabajar con hombres, vi que los cambios más significativos tienen lugar en los grupos pequeños. (La «Guía: Cómo dirigir un grupo de discusión» que se encuentra al final del libro tiene todo lo que necesitas para comenzar). ¿Quiénes son aquellas personas con las cuales te gustaría compartir tus pensamientos y sentimientos mientras lees este libro?

Hoy, ya no estoy enojado. No vengo a ti con la bronca de un adolescente enojado que se convirtió en un hombre enojado que nunca procesó adecuadamente su dolor. Después de pasar por el proceso descripto en este libro, aprendí la manera de vencer mi ira. Tú también puedes hacerlo.

Cuando nos estancamos en la ira hacia nuestros padres, solo hace falta un pequeño paso más para empezar a culparlos por nuestros errores y defectos. Pero lo más importante a tener en cuenta es que la ira desvía nuestra atención de los asuntos reales que necesitan sanidad. Entendí que lo que en definitiva necesitaba era sanarme; y eso es lo que tú necesitas también.

Teniendo en cuenta esto, permíteme contarte por qué yo también soy parte de este orden fraternal de niños quebrantados.

MI HISTORIA: LA SINOPSIS

Durante seis años me debatí entre escribir o no este libro. Por un lado, los hombres como yo que crecieron en familias quebradas o disfuncionales necesitan ayuda. Yo recibí esa ayuda, y marcó toda la diferencia. Como ayudar a los hombres es mi vocación, me sentía obligado a compartirla.

Por otro lado, no deseaba que toda la culpa cayera sobre mis padres. Amé a mis padres y creo sinceramente que ellos nos amaron a mis tres hermanos más pequeños y a mí. Todos los padres cometen errores; creo que ellos los cometieron por ignorancia no por maldad. Nunca fueron capacitados ni discipulados respecto a cómo ser padres ni tampoco les enseñaron con el ejemplo. En tal caso, esa es la razón por la cual deseo honrarlos por hacer lo mejor que pudieron.

Dicho esto, el daño que me hicieron fue el mismo daño que me hubieran hecho si sus acciones, o falta de ellas, hubieran sido intencionadas: crecí prácticamente como un huérfano. Nuestro hogar era disfuncional.

Cuando era pequeño siempre sentía que estaba solo. No recuerdo que nadie me haya dicho que creía en mí, que me amaba o que estaba orgulloso de mí. Ni siquiera recuerdo que me hayan abrazado.

No recuerdo que nadie me haya dicho que mi vida tenía sentido, que había sido creado con un propósito o que podía hacer algo que marcara una diferencia en el mundo. No recuerdo que nadie me hablara sobre Dios, sobre ir a la universidad o escoger una profesión.

No soy tan ingenuo como para decir con certeza que ningunas de estas cosas pasaron, pero no tengo el recuerdo de que hayan sucedido. Sin embargo, aun cuando *sí* hubieran sucedido, el hecho de que no pueda recordarlas es significativo.

Finalmente, los cuatro muchachos nos descarriamos. Abandoné la escuela secundaria a la mitad del último año y me uní al ejército. Mi hermano inmediatamente menor, Robert, me siguió los pasos. Posteriormente murió de una sobredosis de heroína. Mis otros dos hermanos tuvieron muchas dificultades también.

Una vez que me fui de casa, dejé de lado a mis padres y nunca miré hacia atrás. Si no hubiera sido por la influencia de mi esposa, probablemente no hubiera tenido ninguna clase de contacto con ellos. La mejor forma de describir nuestra relación era *distante*. Todo comenzó a cambiar cuando tenía un poco más de treinta años; este fue el comienzo del viaje que me llevó a compartir mi historia contigo.

El riesgo que existe al compartir *cualquier* historia es que tendemos a hacernos los héroes (o las víctimas) y, por otra parte, los villanos. Esto es especialmente cierto cuando comenzamos a hablar de nuestro padre y nuestra madre.

La tendencia, por supuesto, es concedernos el beneficio de la duda a la vez que medimos a nuestros padres con estándares más elevados. Pero me comprometo a darles a mis padres el mismo respeto y beneficio de la duda que esperaría de ellos si estuvieran escribiendo acerca de mí. Mi guía son los versículos de las Escrituras que dicen: «Y hagan todo con amor» (1 Corintios 16:14) y «Honra a tu padre y a tu madre» (Éxodo 20:12). Deseo escribir sobre mis padres con el mismo respeto y gracia con los que esperaría que mis hijos escribieran sobre mí.

Aunque mi mamá y mi papá ya no viven, creo que ellos aprobarían firmemente este relato. Me imaginaba a los tres en una habitación repasando el manuscrito hasta que cada uno podía decir: «Sí, así es; esa es la forma en que en realidad sucedieron las cosas. Esta es una historia que puede ayudar a otros a beneficiarse de nuestros errores».

Esa es mi meta: compartir las lecciones que aprendí «a los golpes» para que tú no tengas que aprender de la misma manera. Te estoy escribiendo *no* como un clínico, sino como un hermano mayor del orden fraternal de niños quebrantados.

Lo que sea que estas páginas remuevan dentro tuyo, espero que tú también lo compartas abiertamente con alguien más, sea con tu esposa o compañera, mejor amigo, grupo pequeño o, dependiendo de la profundidad de las heridas, un consejero. Debe ser así porque los cambios más significativos tienen lugar en el contexto de las relaciones.

Ahora permíteme contarte sobre mis sesiones de consejería. ¡En realidad me abrieron los ojos!

2

UN PEQUEÑO NIÑO
CON UN VACÍO:
NOTAS DE CONSEJERÍA

CUANDO MI CONSEJERA ME PREGUNTÓ cómo podía ayudarme, le respondí: «Es bastante sencillo. Mi madre falleció hace unos meses atrás y no tuve ninguna respuesta emocional, quisiera saber por qué».

Invertí veinte minutos defendiendo el honor de mis padres, señalando que ningún padre es perfecto. Luego, mi consejera comenzó a indagar por debajo de la superficie. Por primera vez en mi vida, me abrí de manera auténtica respecto a mi niñez con alguien más que no fuera mi esposa.

Confesé que no podía recordar a mis padres haciéndome preguntas para descubrir lo que me carcomía por dentro. Nada sobre esperanzas, sueños o deseos. Nada acerca de lo que deseaba hacer con mi vida. No estoy diciendo que nunca sucedió, solo que no podía (y todavía no puedo) recordarlo. Éramos una familia que no se comunicaba.

Sin tener una guía, me convertí en un adolescente fuera de control. Hui de mi casa después del cuarto año de la secundaria, empecé a trabajar y alquilé una habitación. Todos los días cenaba un sándwich caliente de queso en el boliche que estaba cruzando la calle. No tenía ningún plan y no me importaba.

Mi experiencia como fugitivo duró dos semanas hasta que mi padre me encontró y me dijo que, tanto él como mi madre, esperaban que regresara a casa. ¡No lo podía creer! Sinceramente pensaba que no había vuelta atrás. Así de ingenuo era. El hecho de que necesitaran que regresara a casa me hizo sentir algo maravilloso; aún hoy lo siento como si fuera ayer.

No obstante, seguí cayendo. Un año más tarde, la policía de Orange County tuvo que llevarme a casa porque no podía pararme de lo borracho que estaba. Ese incidente fue solo la punta del iceberg.

La preparatoria fue un tire y afloje entre el querer encontrar un propósito y el sentimiento de *¿Qué sentido tiene todo esto?* que me consumía. Falté a todas o parte de las setenta y tres clases en mi penúltimo año y, luego, abandoné la preparatoria a la mitad del último año.

El recuerdo principal que tengo de mi niñez es el sentimiento de que debía descifrar las cosas por mi cuenta. Sin embargo, no tenía idea de nada. Por otro lado, no sabía qué hacer; era apenas un niño.

En este punto, esperaba que mi consejera me interrumpiera para decirme como arreglar las cosas. Por el contrario, continuó haciéndome preguntas. Como me estaba guiando y dando tiempo para que desenmarañara mis pensamientos, comencé a sentir que podía confiar en ella. Entonces seguí hablando.

LO QUE EN REALIDAD ESTÁ SUCEDIENDO

Finalmente, fui capaz de poner en palabras que mi lucha más grande era no poder recordar sentirme profundamente amado cuando era un niño.

De hecho, no recuerdo haber escuchado las palabras «Te amo» hasta que tuve treinta y cinco años de edad. (Explicaré la forma hermosa en que eso sucedió al principio del capítulo 6).

Mi segunda lucha más grande era no sentir que mis padres estuvieran orgullosos de mí. La primera vez que escuché las palabras «Estoy orgulloso de ti» tenía cuarenta y siete años de edad. (Explicaré cómo sucedió eso y el cambio maravilloso que produjo en mí en el capítulo 12).

Sinceramente, como niño no tenía cómo saber que se supone que los padres deben manifestarnos su amor con palabras y estimularnos, por lo tanto, no es que esperaba que lo hicieran. No sabía lo que me estaba perdiendo porque no tenía un punto de referencia.

Luego de compartir abiertamente con mi consejera la falta de expresión verbal de amor y estímulo, compartí que no éramos una familia físicamente afectuosa tampoco. Por ejemplo, no puedo recordar que me hayan abrazado alguna vez. Repito, el hecho de que no recuerde no significa que no sucedió, pero aprendí que es significativo que no tenga recuerdos de mis padres consolándome con un abrazo cuando era niño.

PENSAMIENTOS QUE UN NIÑO NO PUEDE MANEJAR

Un recuerdo de mi niñez que me marcó tuvo lugar cuando tenía diez años. Me estaba poniendo el uniforme para un juego de béisbol de la Little League. Mis padres habían dicho que deseaban verme jugar. (Al parecer no asistían de manera regular a mis juegos). Les dije que no quería que vinieran a verme jugar y les rogué hasta las lágrimas que no lo hicieran. Finalmente, cedieron y dijeron que no irían.

Luego enganché mi guante de béisbol en el manubrio de la bicicleta y lloré durante los ocho minutos que me llevó llegar a la cancha de la Little League porque ellos no iban a venir a verme jugar.

Mi consejera me preguntó:

—¿Qué crees que significa esto?

—¡No tengo ni idea! Tenía la esperanza de que tú pudieras decirme lo que significa.

Entonces me contó la siguiente historia:

Un pastor tenía un hijo llamado Noah, a quien le dijo que lo llevaría a pescar. El niño estaba tan entusiasmado que a la mañana siguiente se levantó a las 5:30, saltaba de alegría por la casa mientras se preparaba.

Cerca de las 6:30 sonó el teléfono. Su padre, el pastor, respondió el teléfono y dijo: «Sí, entiendo. Sí, sí, está bien. Estaré ahí de inmediato». Entonces, colgó el teléfono y se fue a una reunión de emergencia.

Esa noche durante la cena, el niño, quien había estado saltando por la casa esa mañana, estaba ahora inclinado sobre su comida, llorando y triste. Su madre le dijo al padre:

—¿Te das cuenta de que te olvidaste de llevar a pescar a Noah esta mañana?

El pastor estaba mortificado. Le dijo:

—No puedo creer que me haya olvidado eso, Noah. Lo siento. Voy a compensarte. Iremos a pescar otro día.

El niño respondió:

—Oh, está bien. De todos modos, no me gusta pescar.

Mi consejera me preguntó:

—¿Qué crees que está sucediendo en esta escena?

—Repito, no tengo ni idea. ¡A ti te pago por respuestas! ¡Tú dímelo!

Ella me respondió:

—No, quiero que tú pienses sobre esto.

Sinceramente, no pude descifrarlo.

Ella me explicó que, y este es el nudo del asunto, un pequeño no puede manejar el pensamiento, no puede aceptar el pensamiento, no puede vivir con la idea de que no le interesa lo suficiente a su padre como para que quiera pasar tiempo con él. Entonces, como resultado, reemplaza esa idea diciendo que no le gusta pescar.

—En otras palabras —dijo—, no puede decir simplemente: "Mi papá no quiere estar conmigo". Un niño no puede aceptar eso. Entonces, por eso dice: "No me gusta pescar".

A continuación, mi consejera me preguntó:

—¿Qué piensas que estaba sucediendo cuando les dijiste a tus padres que no fueran a la cancha de béisbol?

—Creo que estoy comenzando a entender —respondí.

Mi consejera pensaba que a una edad muy temprana yo había decidido que no era lo suficientemente importante para mi mamá y mi papá.

Dijo:

—Un niño no puede manejar el pensamiento *No soy el deleite de mi madre y de mi padre; ellos no me aman.* Por lo tanto, sustituiste esa idea diciendo que *en realidad no deseabas que fueran a verte jugar.*

Había decidido que, *si ellos no me necesitaban, yo tampoco los necesitaba a ellos*.

Y desde el momento en que tomé esa decisión, comencé a distanciarme de mis padres. Conforme a lo que me explicó mi consejera, me estaba protegiendo del dolor de pensar que no era importante para ellos. No pasaban mucho tiempo conmigo; por lo tanto, yo tampoco quería pasar tiempo con ellos.

¿Esperaba que me vieran jugar y que me alentaran fervorosamente? Por supuesto que sí. Con desesperación. Pero cuando el proverbio dice: «El corazón del muchacho está lleno de necedad» (Proverbios 22:15), no es broma.

Y, sin la capacitación adecuada, los padres también pueden cometer errores tontos.

LUCHANDO CON LA NEGACIÓN

Mi consejera usó la palabra «fracaso» para describir la experiencia que tuve con mis padres, aun cuando no fuera a propósito.

—Tus padres no te amaron lo suficiente —dijo—. De seguro fueron *buenas personas*, pero no fueron suficientemente *buenos padres*.

—Pero ¿cómo interpreto el hecho de que mi padre me haya buscado después de que hui de la casa? —retruqué.

—¿En realidad esperaba que regresaras? —preguntó—. O ¿solo quería restaurar el orden en su propia vida?

De la misma manera, concluyó que mi mamá no se había hecho cargo de mí. La falta de expresión de afecto, de contacto y de tiempo indicaba una especie de traición, aun cuando no hubiera sido deliberada.

Protesté con rapidez y le dije que cuando me eligieron rey de la clase en sexto grado, mi mamá hizo a mano una capa especial para mí. Tiñó una sábana de rojo y luego le cosió flecos dorados alrededor del borde.

Mi consejera respondió:

—Quizás quería *ser vista* como una buena madre.

A medida que yo seguía compartiendo de mi vida, ella señalaba cómo el descuido emocional es una forma de abandono; ella veía abandono total en mi vida.

Dijo directamente:

—Pat, fuiste herido, maltratado.

Quedé pasmado.

¿No es demasiado duro lo que está diciendo? Me pregunté. *¿Era así en realidad? ¿Acaso lo estoy negando? ¿Estoy confundido porque mis padres genuinamente eran buena gente?*

Asumí que tal vez no había presentado las cosas de manera correcta. Sentía la necesidad de proteger la reputación de mis padres. Le comenté que cuando la salud de mi mamá estaba flaqueando, hice lo imposible para llamarla todos los días y para visitarla todos los fines de semana. Tuvimos charlas excelentes.

Mi consejera difirió conmigo:

—Eso no significa necesariamente que te amara. Quizás solo significaba que amaba que la amaras—. Entonces hizo una distinción entre amar y disfrutar ser amado.

Pensé: *¿Está tratando de hacerme repensar mi historia? Tal vez no extraño a mi mamá porque fui yo quien la buscó, no a quien ella buscó.* No obstante, ese pensamiento solo me hizo sentir aún más incómodo e irrespetuoso.

Ella continuó:

—Tus padres te traicionaron dos veces: primero al no invertir en ti y, luego, al querer recibir una ganancia que superaba su inversión. Creo que estás en una negación profunda de esta traición.

Luego dijo algo que resonó en mi mente:

—Algo falta cuando no te sientes precioso y profundamente amado. *Eres un niño con un vacío.*

Me explicó que un niño abandonado física o emocionalmente se volverá autosuficiente o impedido porque siente que algo está mal en su vida.

—Tú, queda claro, terminaste en el camino de la autosuficiencia —me dijo—. No eres el resultado de una buena crianza, sino un milagro.

Continuó:

—Puedes amar a los demás y ponerte en su lugar con tanta eficiencia porque sufriste mucho. A menudo, ayudar a los *demás* a hacer su duelo ayuda a alguien como *tú*, quien no enfrentó su dolor por completo, a hacer su duelo.

Las emociones que no salieron a la superficie cuando mi mamá falleció estaban enterradas en algún lugar, me aseguró. Necesitaba permitir que esos sentimientos afloraran; que no los fabricara, pero que tampoco tratara de controlarlos ni reprimirlos.

La consejería desafió todas las percepciones sobre mi niñez, las cuales había sostenido por largo tiempo. Salí de allí con mucho para procesar.

EL COMIENZO DEL DUELO

En los días que siguieron, leí atentamente las notas que había tomado y reflexioné en oración sobre ellas.

En cuestión de horas, mi consejera había demolido la historia que yo había construido para protegerme por no sentirme valioso. Finalmente, estuve en condiciones de aceptar que mis padres me habían fallado. Éramos una familia disfuncional, pero ninguno de nosotros lo supimos en aquel tiempo.

Eso liberó una cacofonía de pensamientos y sentimientos muy confusos. Estas son las impresiones que garabateé en mi diario en ese momento:

- Mis padres no me desalentaron, pero eso no significa que me hayan alentado.

- No recuerdo que me hayan consolado.

- No recuerdo que me hayan sostenido, dicho que me amaban, ni que estaban orgullosos de mí.

- No recuerdo que hayan venido a verme jugar béisbol ni a mis actividades ni que pasaran tiempo conmigo. Solo porque ellos hayan pasado algo de tiempo conmigo no significa que fue lo suficiente. Es como si hubieran pagado la primera cuota, pero no hubieran pagado el saldo. Es como si hubieran pensado que podían construir un niño de mil dólares con solo cien dólares. Invirtieron un poco pensando que obtendrían grandes ganancias.

- Fui traicionado por personas muy agradables.

- Experimenté abandono total, a pesar de tantos buenos recuerdos de familia.

- Sufrí inmensamente porque me sentía tan solo y responsable por mi vida.

- Los rechacé porque sentía que ellos no me querían (ni me necesitaban).

- Los saqué de mi vida. Siempre pensé que fue mi iniciativa, pero los saqué de mi vida porque no podía manejar el pensamiento de que en realidad no me querían. De pequeño, deseaba con todo mi ser que me quisieran. Necesitaba que fueran a mis juegos. Como adolescente, deseaba que me rescataran de mi caída. ¿Por qué no me rescataron? (Me caían las lágrimas mientras escribía esto).

- Pensaba que debido a que yo tenía alguna prioridad, mi fracaso como adolescente era mi culpa; que *yo* era quien lo había complicado todo. Siempre me culpé a mí mismo. Pero ellos eran los padres; yo era el hijo. Ellos deberían haberse hecho cargo de que la relación funcionara. No dependía de mí, aunque pensaba que sí. (Todavía estaba llorando hasta aquí).

Cuando terminé de escribir en mi diario, no estaba enojado; solo estaba triste. No obstante, al final, puede desahogarme. Era el final de la negación y el comienzo del duelo.

EL JURAMENTO

Ahora estaba listo para aceptar que había sido abandonado. Mis padres me decepcionaron. Eso fue traición aunque no haya sido intencionada. Sin embargo, también me di cuenta de que esta herida me había reprimido por mucho tiempo. Había encontrado mi punto sin procesar. En algún punto a lo largo del camino, había hecho este juramento: «Si no van a darme lo que necesito, entonces ya no tenemos nada que ver».

Mientras hablaba todo esto con la consejera en la sesión siguiente, ella me dijo:

—Cancelaste a tu madre porque te decepcionó. Pero aplicaste ese juramento a todos los que te recordaban esa herida. Debes arrepentirte del juramento que hiciste.

Estas palabras fueron reveladoras. En ese momento me di cuenta de por qué siempre me resultaba tan crudo y doloroso que me decepcionaran o me rechazaran y por qué era extremadamente sensible a las señales sociales negativas o alguna deslealtad. Todo era como un recordatorio de sentirme rechazado, no amado, no valorado, no valioso.

Siempre me había resultado increíblemente arriesgado aceptar que alguien se deleitara en mí. *¿Y si no es sincero? ¿Y si dejo de ser un deleite para esa persona?* Como resultado, siempre estaba tenso y sospechaba de todos, incluso cuando estaba con mis amigos. *Daba por sentado* que las personas me decepcionarían; casi *esperaba* que me recordaran mis heridas. Y cuando lo hacían, estaba seriamente tentado a cancelarlas de mi vida.

Supe que tenía que tomar una decisión. Era cierto, tenía una herida. No obstante, en un determinado momento, cada uno debe decidir si quiere permanecer estancado en el pasado o avanzar. Debemos decidir si vamos a vivir como víctimas perpetuas o si asumiremos la responsabilidad de nuestra vida. Este es el corazón del asunto: ¿Queremos ser víctimas o ser victoriosos?

Ese día, mientras manejaba de regreso a mi oficina, oré:

Señor, les hice este juramento a mis padres: «Si no van a darme lo que necesito, entonces, no quiero tener nada que ver con ustedes». Confieso que usé este juramento como una espada y como una armadura. En fe, escojo cambiar mi manera de pensar. Sinceramente me arrepiento. Por favor, límpiame de todo el daño que me hicieron y que hice a partir de este juramento. Para la gloria de Jesús, amén.

Mi oración fue sincera, y el alivio instantáneo.

Aun así, algunas heridas son tan profundas que siguen manifestándose incluso cuando pensamos que ya nos hemos sanado. Por ejemplo, aunque en raras ocasiones lo hago, aun me siento tentado a cancelar de mi vida a la gente que me causa una mala impresión.

Esta es la razón por la cual el arrepentimiento no es en concepto de una vez y para siempre. Puedes encontrarte haciendo duelo de nuevo por ciertas heridas; a veces como si no hubieras hecho duelo en lo absoluto y, otras veces, como un eco del dolor previo. Esto puede suceder especialmente si tus padres están vivos y no han cambiado.

Sin lugar a dudas, *hay* sanidad; aunque muchos de nosotros caminaremos cojeando. No obstante, puede haber gozo en esa cojera, como podremos aprender más tarde.

En los capítulos que siguen, vamos a desenmarañar lo que te sucedió y por qué; luego, cómo puedes sanar y quebrar el ciclo vicioso. Pero primero considera las preguntas de reflexión y discusión de la página que sigue.

REFLEXIÓN Y DISCUSIÓN

1. Describe cómo fue crecer en tu hogar.

2. Si tienes hijos, ¿cómo es para ellos crecer en tu hogar? ¿Estás repitiendo o rompiendo el ciclo vicioso de tu niñez? Si sientes que estás en el camino equivocado, no te desesperes. En las páginas que siguen encontrarás un plan útil y práctico que te ayudará a volver al camino correcto.

3

CÓMO NOS HIRIERON NUESTROS PADRES

LA MAYORÍA DE LOS NIÑOS DE MI BARRIO, al igual que yo, estaban en quinto grado. Sin embargo, algunos, como Nunny, eran mayores. Nunny era pequeño, pero feroz; un bravucón que nos aterraba a todos.

Un día Nunny anunció que iba a darme una paliza y comenzó a tirar puñetazos. Traté de escaparme corriendo a casa, pero mi padre me obligó a salir a pelear. Era el estilo de mi papá para enseñarme a defenderme a mí mismo.

Muchos vecinos estaban sentados en sus sillones en el jardín como espectadores mientras Nunny y yo nos entrelazábamos en una batalla titánica que se extendió a través de varios jardines delanteros.

Lo que comenzó como una pelea a puñetazos con rapidez se transformó en una lucha libre porque ambos comenzamos a cansarnos. No pude molerlo a golpes, pero debido a la adrenalina inducida por el temor, él tampoco pudo. Finalmente, ambos estábamos demasiado exhaustos como para continuar y, sin ceremonias, nos detuvimos. A pesar de que Nunny se volvió todavía más violento en su adolescencia (por ejemplo, cortó a otro muchacho con una botella de vidrio rota), nunca más volvió a molestarme.

Jamás olvidaré ese evento. Fui a casa a buscar protección, pero mi papá me obligó a pelear. Funcionó, pero nunca, ni en un millón de años, puedo imaginarme haciéndole eso a nuestro hijo, John. Mi consejera tenía razón. Algo no estaba bien; aunque no haya sido intencionado.

EL PROBLEMA

Todos sabemos que el corazón del niño está lleno de necedad. Los padres son responsables de corregir esa necedad sin aplastar el alma de sus hijos.

Tristemente, muchos padres tampoco recibieron la atención adecuada de parte de sus padres. No tuvieron un modelo que les enseñara a crear hogares seguros y saludables. Heredaron el quebrantamiento intergeneracional de sus padres. Luego, no pudieron quebrar el ciclo vicioso y pasaron parte (o todo) de ese quebrantamiento a sus hijos: tú y yo. Y eso nos pone en riesgo de repetir el mismo círculo vicioso.

¡Quién sabe cuántas generaciones atrás nuestra familia comenzó ese ciclo disfuncional! A pesar de eso, lo que en realidad importa es *¿Ahora qué?* Puedes detener la disfunción intergeneracional de tu familia, pero primero debes lograr ser una persona emocional, mental y espiritualmente saludable tú mismo. Eso incluye enfrentar tus propias heridas de la niñez para no repetir el ciclo ni pasar esas heridas a tus propios hijos.

Lo importante es que puedes hacerlo. Puedes romper la maldición. Puedes recibir ayuda. Puedes ser un hombre saludable. ¿El primer paso? Debes entender lo que estuvo mal. Porque si estás tratando de solucionar el problema equivocado, podrías tener éxito solo por accidente.

Si tuvieras dolor de pecho, los médicos nunca te tratarían sin un diagnóstico apropiado. El diagnóstico precede al tratamiento. Esa es la razón por la cual en este capítulo voy a ayudarte a diagnosticar la *causa* de las heridas de tu niñez; lo que debería haber sucedido, por qué no sucedió y cómo ves a tus padres como resultado. Luego en los dos capítulos que siguen, vamos a estudiar el *efecto* que esas heridas tuvieron en ti.

LO QUE NECESITAS COMO HIJO

La paternidad es una promesa sagrada de priorizar la salud física, mental, emocional, social, financiera, moral y espiritual de los hijos. Tus padres* tuvieron el deber de proveer para ti y de protegerte. Tuvieron la responsabilidad de ayudarte a crecer fuerte y saludable tanto mental como física y espiritualmente. También tuvieron el privilegio de darte un sentido de bienestar y la oportunidad de crear un ambiente familiar donde pudieras desarrollarte.

Para desarrollarse, los hijos necesitan *amor, estructura, raíces* y *alas*. La mayoría nos hemos preguntado alguna vez: «¿Cómo se cría a los hijos?». El amor, las estructuras, las raíces y las alas son los ladrillos que edifican la crianza.

El amor parental produce el sentimiento de que eres valioso,

---

* Debido a que hay demasiada clases de hogares, tales como aquellos constituidos por madres o padres solteros, guardianes legales o padres adoptivos, para nombrar a las personas que te criaron, usaremos la forma plural padres para que sea más fluido. Te pido, por favor, que ajustes a este sistema tu propia experiencia de crianza.

la estructura te ayuda a conocer donde están tus barandillas, las raíces ofrecen estabilidad para crecer y las alas te preparan para que seas un hombre.

Amor

Todas las veces que un programa de televisión termina con dos personas besándose y abrazándose mutuamente, lloro. El amor lo cubre todo. Ninguna fuerza en el mundo es más poderosa que una relación amorosa y saludable.

El amor que llena un hogar saludable es evidente e incondicional. Si creciste en un hogar lleno de amor, de seguro te sentiste valioso, precioso y que creían en ti, como si fueras la luz de los ojos de tus padres.

Con regularidad te declararon afecto de manera verbal. «Te quiero», «Creo en ti» y «Estoy orgulloso de ti» resonaban en las paredes de tu casa. Tus padres de manera constante te alentaban con palabras de ánimo, afecto, respeto, valor, validación y aprobación.

También percibías con regularidad afecto físico. Te abrazaban. Tu madre besaba tu rodilla lastimada y te aseguraba que todo estaría bien. Tu padre te chocaba los cinco y jugaba a la lucha contigo.

Como dijo mi consejera: «Las madres les dan a sus hijos conocimientos fundamentales y un sentido de bienestar; los padres les dan confianza».

Si creciste en un hogar lleno de amor, tus padres pasaban tiempo contigo. Iban a tus actividades escolares, jugaban juegos y te llevaban a lugares divertidos.

Te aconsejaban y te instruían durante la cena. Y había risas, muchas, muchas risas.

Por supuesto, todas las familias saludables también tienen desacuerdos, conflictos, problemas de comportamientos y diferencias de opiniones. Eso es normal.

Pero te desarrollaste porque el amor de tus padres te hacía sentir seguro en las partes más profundas de tu mente, alma y espíritu. Te sentías apoyado.

EJERCICIO DE REFLEXIÓN:
En general, ¿sentías que tus padres te amaban cuando eras niño?

nunca	en raras ocasiones	a veces	por lo general	siempre

Anímate y selecciona una respuesta incluso si no estás 100% seguro.

Estructura

Cuando nuestros hijos todavía estaban en pañales, escuché a Larry Crabb, consejero y autor cristiano, hacer un comentario sobre el proverbio que dice: «El corazón del muchacho está lleno de necedad». Dijo al respecto: «Los hijos deben saber esto: "Sí, te amo; y no, no puedes hacer lo que quieras"».

Un hogar saludable está lleno de estructuras claras. Si creciste en una casa con una buena estructura, tus padres eran predecibles. Siempre sabías dónde estabas parado, cuáles eran las reglas, qué estaba fuera del límite y qué esperar si desobedecías.

A la vez, nunca sentiste que la disciplina fuera rechazo. En todo caso, tus padres hacían lo imposible para asegurarse de que entendieras por qué estabas siendo disciplinado. Te ayudaban a entender que lo que estaba sucediendo dentro de tu corazón era la causa de tu mal comportamiento.

Seguro, todos los padres cometen errores. A veces son demasiado estructurados y, a veces, no lo son lo suficiente.

No obstante, si creciste en una casa con una buena estructura, te desarrollaste porque siempre supiste qué esperar y sabías que tus padres tratarían de ser justos e imparciales. Esa estructura te dio confianza.

EJERCICIO DE REFLEXIÓN:
En general, ¿sientes que tus padres te proveyeron una buena estructura?

nunca	en raras ocasiones	a veces	por lo general	siempre

Si no, ¿fue demasiada o insuficiente?

Raíces

Mi esposa y yo plantamos siete encinos siempre verdes en nuestro patio. Hicimos esto porque vivimos en un corredor de huracanes y queríamos árboles que echaran raíces profundas para que los huracanes no los voltearan.

Un hogar saludable tiene raíces. Las raíces edifican el carácter, la perseverancia, la determinación, la diligencia y la resiliencia. Si creciste en un hogar con raíces profundas, no importa cuántas veces te haya ido mal en la escuela, siempre sentiste que las cosas estarían bien una vez que llegaras a casa. Tus padres te hicieron sentir seguro, a salvo y estable. Te protegieron de los caminos del mundo y de las personas que, de otra forma, hubieran abusado de ti.

Tus padres se aseguraron de que siempre tuvieras alimento, abrigo y ropa, incluso si ellos tuvieron que privarse de esas cosas.

Se aseguraron de que recibieras una buena educación. Te dieron fundamentos morales, relacionales, vocacionales, financieros y espirituales. Si creciste en un hogar con raíces profundas, te sentiste firme, sostenido.

Te desarrollaste porque tus padres te *nutrieron* para que maduraras. Hicieron todo eso teniendo en cuenta tu *naturaleza*: el temperamento, la personalidad y las aptitudes únicas con las cuales viniste al mundo.

EJERCICIO DE REFLEXIÓN:
En general, ¿sientes que tus padres te dieron raíces?

nunca	en raras ocasiones	a veces	por lo general	siempre

Alas

Mi esposa y yo nos sentimos entusiasmados al dejar a nuestra hija en una pequeña universidad conocida tanto por edificar el carácter como por la educación académica. La directora de consejería se reunía de manera separada con los padres de los alumnos de primer año. Recitó con rapidez siete tareas de desarrollo sobre las cuales se enfocarían:

- Expandir los conocimientos
- Manejar las emociones
- Desarrollar la autonomía
- Establecer la identidad
- Promover las relaciones interpersonales
- Descubrir un sentido de propósito
- Cultivar la integridad personal

Sin embargo, en un hogar saludable, tus padres ya estuvieron trabajando en esas tareas de desarrollo por años. Tus padres te hicieron sentir listo para enfrentar el mundo: estas son las alas.

Un hogar saludable les da alas a los hijos. Los padres ayudan a los hijos a experimentar hasta que encuentran cosas que aman y hacen bien, sean habilidades académicas, deportivas o artísticas. También te ayudan a desarrollar habilidades sociales, tales como mirar a las personas a los ojos cuando estás hablando o te están hablando. Nutren la inteligencia emocional y la consciencia circunstancial.

Si creciste en un hogar en el que te dieron alas, te hablaron sobre el significado de la vida, tu propósito, Dios, el amor, la sexualidad, lo bueno y lo malo. Te escucharon, *en realidad* te escucharon, y te sentiste escuchado y entendido. Eso puso viento en tus velas, incluso cuando no te salías con la tuya.

Si creciste en un hogar que te dio alas, entraste a la adultez con confianza, entusiasmo, y expectativas. Cuando volaste del nido, fuiste guiado por las filosofías, valores y creencias que tus padres te inculcaron.

Es obvio que estas tareas nunca están completas. No obstante, cuando te fuiste de tu hogar, te sentiste preparado para desarrollarte como hombre porque sabías quién eras y lo que necesitabas hacer. Estabas listo para ser independiente. Y junto con el amor, la estructura y las raíces que recibiste de parte de tus padres, tienes mucho debajo de la superficie: valor, fortaleza interna y confianza en ti mismo.

EJERCICIO DE REFLEXIÓN:
¿Tus padres te dieron alas?

nunca	en raras ocasiones	a veces	por lo general	siempre

Acabamos de analizar lo que *debería* haber sucedido. Un hombre que se calificó con una nota alta en amor, estructuras, raíces y alas dirá: «Mis padres me dieron seguridad» o «Mis padres me animaron». Eso es crianza positiva.

Sin embargo, ¿qué pasa si no puedes decir eso? Eres parte del orden fraternal de niños quebrantados porque tus padres cometieron errores (o fracasaron por completo) en una, algunas o en todas estas cuatro áreas.

La meta final, por supuesto, es sanar. No obstante, primero permíteme ayudarte a entender lo que salió mal.

CÓMO LOS PADRES CREAN HERIDAS

A continuación, encontrarás siete descripciones generalizadas de crianza negativa. Las descripciones se superponen; por lo tanto, no te sorprendas si identificas la manera en que fuiste criado con más de un perfil. No todas las descripciones aplicarán a tu caso, pero mientras lees, pregúntate: *¿Fue este el caso por lo general?* Te sugiero que leas con una lapicera o un resaltador a mano y que marques las afirmaciones que te hagan pensar: *Sí, ese es mi caso.*

«Mis padres eran pasivos»

Tus padres se involucraban poco. Simplemente, nunca estuvieron presentes. Estaban en casa físicamente, pero eran distantes y no estaban emocionalmente disponibles. No se interesaban en ti. No escuchabas de manera regular palabras de amor, afecto ni afirmación. Sentías que estabas solo y que tenías que depender de ti mismo y supusiste que era tu culpa.

Tu niñez no está llena de recuerdos felices de todas las cosas que hacían juntos como familia. Nadie jugaba a lanzar la pelota contigo en el patio de atrás. Nadie iba a las actividades de tu escuela. Te dejaron solo y sin dirección.

Quizás tus padres eran amables o, tal vez, eran malvados y te maltrataban. En todo caso, eran pasivos. No se preocupaban lo suficiente. No recibiste el apoyo que necesitabas. Fuiste abandonado.

«Mis padres estuvieron ausentes»

Tus padres nunca estaban en casa. Fuera por causa de divorcio, muerte, enfermedad mental o decisión personal estaban física o emocionalmente ausentes.

Tus padres estaban tan absortos en su propia vida que no tenían tiempo para ti. Llegabas a una casa vacía, preparabas tus propias comidas y tuviste que asumir la responsabilidad de hacer tus tareas y de ir y venir a la escuela solo.

No eras la luz de sus ojos. No eras el centro de su universo. Estaban ocupados. Tu mamá o papá (o ambos) procuraban dinero, ascenso profesional, posición social, prestigio y elogios del mundo. Te sacrificaron en el altar de su éxito. O cedieron a otras adicciones. Los adictos al éxito y los adictos a las drogas, a menudo, manifiestan obsesiones similares[1]. No hay tanta diferencia entre un adicto al trabajo y un adicto al alcohol.

Un hombre me contó una historia triste. Su mejor amigo murió de manera trágica en la época en que estaban estudiando juntos en la universidad.

En el funeral, el padre de su amigo, quien era un titán en el mundo de los negocios, se acercó a él y le preguntó:

—¿No eres tú el mejor amigo de mi hijo?

Le respondió:

—Así es.

Entonces el padre le dijo:

—Estaba tan ocupado construyendo mi empresa que nunca llegué a conocer a mi hijo realmente. ¿Podrías, por favor, contarme un poco acerca de él?

«Mis padres eran permisivos»

Tus padres te dejaban hacer lo que quisieras, excepto asesinar. Esta es la clase de crianza: «Sí, te amo; y sí, puedes hacer lo que te plazca». O quizás para ti el amor no era parte de la ecuación; solo: «Puedes hacer lo que desees».

En cualquier caso, sufriste por falta de estructura. No conocías los límites. Creciste sin barandillas. Cuando estaba de novio con mi esposa, una vez ella me llamó la atención: «Creo que tus padres te dieron demasiada libertad». Y estaba en lo correcto.

Cuando mi amigo, Chace, tenía ocho años, sus padres le dieron acceso irrestricto a Internet. Cuando cumplió once años, él y sus amigos comenzaron a mirar pornografía. Las únicas cosas que Chace aprendió sobre cómo tratar a las jóvenes las aprendió mirando YouTube y películas para adultos.

Cuando cumplió catorce años, su madre le pasó un panfleto sobre sexo a través del asiento del auto sin hacer contacto visual. Solo le dijo: «Debes leer esto». Ese fue toda su educación sexual en la familia; ni una palabra de parte de su padre. Cuando cumplió dieciséis años, Chace tuvo sexo por primera vez en la habitación de sus padres con una joven del colegio que era menor que él. Todos los días ella llegaba a una casa vacía, al igual que él.

«Mis padres eran propiciadores»

Tus padres te sofocaban con atenciones porque (para ellos) tú nunca hacías nada malo. Te colmaban de libertad, de cosas y de la impresión errada de que eras el centro del universo. No obstante, no te proveían la estructura necesaria para enseñarte a valerte por ti mismo y a asumir responsabilidades personales.

Tus padres daban demasiado *y* demandaban muy poco. Nunca tuviste que rendir cuentas por tus acciones porque ellos siempre te rescataban. Los padres permisivos te *permiten* hacer lo que quieras, los padres propiciadores te *ayudan* a hacer lo que quieras.

En un hogar saludable, los padres ayudan a sus hijos a hacer las cosas que sus hijos *no pueden* hacer por sí mismos, pero les demandan que hagan las cosas que *sí pueden* y *deben* hacer por sí mismos. También les exigen que se hagan responsables cuando hacen algo que *no* deberían haber hecho.

En tu hogar, tus padres pasaban las cosas por alto todo el tiempo. Te propiciaban que no hicieras lo que podías y debías hacer por ti mismo, tal como tender tu cama, ayudar con las tareas de la casa y no ser impertinente.

Eran propiciadores al no requerirte que asumieras la responsabilidad por las cosas que no deberías haber hecho. Eso sucedió con dos hermanos adolescentes que tiraron piedras y rompieron las luces de seguridad del frente de la casa de mi vecino. Cuando los atraparon, su papá los justificó; entonces, se salieron con la suya.

«Mis padres estaban enojados»

Tus padres, por lo general, estaban molestos por algo o su ira estaba siempre al acecho debajo de la superficie, lista para hacer erupción. La ira es una emoción humana normal. Jesús se enojó. Sin embargo, uno de tus padres, o los dos, no procesaban bien la ira. Aun cuando ellos te animaban con afecto verbal y físico, su ira te robaba ese afecto.

Se enfadaban, eran crueles y malhumorados. Con facilidad y regularidad perdían los estribos, pero nunca sabías qué los hacía

enojar. Reaccionaban exageradamente siempre. Esto te hacía enco-
gerte de miedo.

Eran rutinariamente severos. Una vez, vi a una madre en un
supermercado, gritándole a su pequeño, quien por accidente había
chocado y derribado al piso algunas latas. Tus padres eran así a
menudo, explotando incluso por infracciones pequeñas.

Los conflictos, las luchas familiares o, incluso la violencia, suce-
dían todos los días. A veces, te sentías como un chivo amarrado;
no podías escapar y simplemente estabas esperando el próximo
estallido verbal.

Te azotaban o te pegaban con ira. La disciplina era imprede-
cible y arbitraria. Tus padres transformaron tu niñez en caos y
conflicto. Tal vez eran adictos. Dado que siempre sentías que tenías
que caminar en puntas de pie, preferías jugar en la casa de tus
amigos y no en la tuya.

«Mis padres eran exigentes»

Tus padres eran autoritarios, exigentes y controladores. Su lista
de reglas le daba un nuevo significado al término «estricto». No
conversaban contigo; solo daban *órdenes*. Te decían que obedecieras
sin hacer preguntas. No te motivaban a pensar ni a hablar por ti
mismo.

Si los padres permisivos son demasiado negligentes, los padres
exigentes son legalistas. Percibías exigencias demasiado altas por
conformidad y obediencia externa. Eran autoritarios y no les gus-
taban las excusas.

Aprendiste a no hacer demasiadas preguntas, a no opinar
diferente ni a hablar a menos que te hablaran. No te permitían ser
simplemente un niño; ser tú mismo.

Tus padres eran prepotentes. Dominantes. Manipuladores.

Sentías que tenías que actuar para hacer feliz a tus padres y para ganar su aprobación, pero tu mejor esfuerzo nunca bastaba. Sabías lo que esperaban de ti, pero no tenías apoyo. Tenías temor de fallar, pero no te alentaban cuando hacías bien las cosas. Por el contrario, tus padres con frecuencia te hacían sentir que deberías haberlo hecho mejor.

A menudo retenían el amor e incluso lo usaban como un arma para manipularte. Como un amigo me dijo: «Hiciera lo que hiciera, nunca pude hacer feliz a mi padre».

«Mis padres eran denigrantes»

Mientras que el descuido emocional es pasivo, los padres denigrantes invalidan tus emociones con críticas de manera activa. Si tuviste padres denigrantes molestaban, se burlaban y, con regularidad, hacían bromas a tus expensas. Sentías que eras una decepción; como si lamentaran que hubieras nacido.

No sabías cómo hacerlos felices. Cuando hacías algo que los hacía sentir infelices, suspiraban de manera exagerada para mostrarte su desaprobación e, incluso, su disgusto. Cuestionaban o dudaban de todo lo que hacías, y nunca sentiste que habías hecho lo suficiente. Las críticas constantes destruyeron tu autoestima. Las palabras afectuosas escaseaban.

Cuando tratabas de hacer algo positivo, te rebajaban. Tu madre te decía: «Nunca llegarás a ser nada. Eres igual que tu padre».

Tus padres te torturaban con sus desprecios sarcásticos. Con frecuencia, te avergonzaban por tu manera de pensar, por la forma en que te veías o por alguna otra característica sobre la cual no tenías control. A veces, lo hacían en público.

Tus padres te ridiculizaban para desquitarse de sus frustraciones por la forma en que les había salido la vida. Eras su chivo expiatorio.

Usaban el favoritismo y promovían la rivalidad entre los hermanos. Como resultado, tus hermanos quizás tuvieron una experiencia diferente con tus padres. Cuando estaba comenzando mi amistad con Jim, quien ahora es mi mejor amigo, me preguntó un día: «¿A cuál de tus hijos amas más?». Me dejó boquiabierto. Esa idea era extraña para mí, pero me hizo esa pregunta porque sus padres preferían a sus hermanos. Esa fue su experiencia personal.

El favoritismo puede suceder en cualquiera de estos perfiles de crianza negativa. Por ejemplo, quizás tengas un hermano o una hermana que describe a tus padres como propiciadores porque eran sus favoritos, mientras que para ti tus padres eran denigrantes. El trato desigual genera envidia, celos, rivalidades y, a veces, incluso odio que pueden durar por décadas.

CONCLUSIÓN

Ahora tienes fundamento para comparar cómo te criaron tus padres y cómo deberías haber sido criado. Te hace reflexionar, ¿verdad?

Responde las siguientes preguntas y, luego, vamos a descifrar cómo esos errores de crianza te están afectando hoy.

REFLEXIÓN Y DISCUSIÓN

1. ¿Cómo describirías tu relación con tu padre, madre o cuidador hoy? Por ejemplo: amable, tensa, cálida, distante.

2. ¿Qué le faltó a tu niñez en las áreas del amor, las estructuras, las raíces o las alas?

3. ¿Cuáles de las siete descripciones generalizadas de crianza negativa son más relevantes para ti (por ejemplo, «mis padres eran pasivos»)? ¿Por qué?

4

ENTENDIENDO TUS HERIDAS: PRIMERA PARTE

NUESTRO HIJO JUGABA DE BASE en el equipo de baloncesto en la preparatoria. Un día mi madre y mi padre vinieron a mirar un partido. Nunca antes habían visto a nuestro hijo jugar baloncesto. Mis padres se sentaron entre mi esposa y yo en las gradas; mi esposa estaba al lado de papá, y yo estaba al lado de mamá.

Durante el partido, le conté a mi madre lo orgullosos que estábamos de John porque practicaba con diligencia, trabajaba en sus habilidades de liderazgo, era laborioso y era un jugador de equipo. Terminé diciéndole:

—Le hacemos saber todos los días cuánto lo amamos y lo orgullosos que estamos de él.

Después de unos minutos de silencio, mi mamá dijo sin dirigirse a nadie en particular:

—¿Sabes? Cuando nuestros cuatro muchachos estaban creciendo, no creo que les hayamos dicho lo suficiente que estábamos orgullosos de ellos.

Una bomba explotó dentro de mi cabeza. Deseaba gritar: «¡Mamá, estoy sentado al lado tuyo! ¡Yo soy uno de esos cuatro muchachos! ¿Por qué hablas acerca de mí en tercera persona?».

Luego pensé: *¿Por qué no lo hiciste? ¡Hubiera sido tan fácil! ¡Simplemente permitirnos saber que nos amabas y que estabas orgullosa de nosotros! ¿Por qué no lo hiciste?*

Entonces me di cuenta de lo siguiente: *¡No es demasiado tarde, mamá! ¡Puedes hacerlo ahora! ¡Puedes decírmelo ahora!*

Pero en lugar de decir alguna de esas cosas, no dije nada.

NOMBRANDO TUS HERIDAS

¿Cómo afectan a los adultos las heridas de la niñez? Algunos estamos enojados. Otros estamos tristes. Muchos de nosotros estamos tanto enojados como tristes y, además, confundidos. Si tus padres eran egocéntricos, estaban enojados o te maltrataban, eso haría que fuera más fácil entender tus emociones. O quizás, como yo, estás confundido y te sientes culpable por estar tan molesto teniendo en cuenta que tus padres realmente eran personas agradables. Como yo en aquel partido de baloncesto, no dices nada.

Entender cómo te hirieron es clave para la sanidad. No debemos regodearnos en nuestras heridas, pero tampoco debemos tratar de ignorarlas haciéndonos los fuertes.

No hay una lista universalmente aceptada de la forma en que las heridas de la niñez pueden haberte afectado. La literatura de los expertos ofrece muchos modelos, sistemas, teorías y escuelas de pensamientos útiles. No obstante, pronto puedes encontrarte abrumado y confundido por tanta información.

Para nuestro propósito, vamos a analizar nueve características importantes de los hombres con heridas de la niñez. Por supuesto, es importante advertir que tal vez haya otras razones por las cuales tienes estas características. No todo lo que está mal en nosotros es culpa de nuestros padres (más sobre este tema en el capítulo 11).

Aclarado el punto, las siguientes características están presentes, en especial, en los hombres cuyos padres no satisficieron su necesidad de amor, estructuras, raíces y alas:

1. Te cuesta creer que la gente en realidad se preocupa por ti.
2. Eres demasiado sensible y, con frecuencia, interpretas mal la intención de la gente.
3. Te enojas con facilidad.
4. No estás seguro de cómo es el compartimiento masculino saludable.
5. Eres inseguro y necesitas que te motiven constantemente.
6. Cambias de humor de manera dramática y no sabes por qué.
7. Eres o «el hijo responsable» o especialmente inmaduro para tu edad.
8. No puedes deshacerte de las voces negativas que resuenan en tu cabeza.
9. Te distanciaste emocional o físicamente de los miembros de tu familia.

Estas características no definen quién eres: tu identidad, personalidad ni carácter. Por el contrario, definen lo que te han hecho. Son los *síntomas* que permanecieron como resultado de haber crecido en una familia disfuncional. Esto significa que una vez que las hayas identificado, diagnosticado y nombrado, puedes comenzar el proceso de sanidad.

Algunas heridas sanan con rapidez. A otras les lleva más tiempo sanar; y cuando piensas que están sanadas, sacan sus cabezas horribles y necesitas procesarlas de nuevo. Aun así, las heridas se encogerán cada vez más. Es un proceso; uno que analizaremos por completo.

Entonces, vuelvo a sugerirte que tomes una lapicera o un resaltador y marques esas partes de las siguientes descripciones que te resulten familiares. Son los pensamientos y comportamientos no deseados sobre los cuales trabajarás en los capítulos que siguen.

Tómate todo el tiempo que necesites. No todas las características aplicarán a tu caso, por supuesto. Te animo a añadir otras que te vengan a la mente.

1. TE CUESTA CREER QUE LA GENTE EN REALIDAD SE PREOCUPA POR TI

La primera etapa de la teoría del desarrollo humano del muy respetado psicólogo Erik Erikson es «confianza versus desconfianza»[1]. A una temprana edad, el niño decide si el mundo es un lugar seguro o peligroso. Si las personas no se preocupan por tus necesidades cuando eres pequeño y vulnerable, el escenario está montado para que mires al mundo con sospecha, temor y desconfianza[2].

Entonces, si uno de tus padres, o ambos, no se preocuparon por ti (o no se preocuparon lo suficiente), no es sorprendente que pienses que nadie más puede preocuparse por ti y que dudes de que puedan hacerlo. De hecho, hoy miras con recelo a la gente que parece preocuparse. No confías en sus intenciones y estás esperando que te fallen.

Te cuesta confiar en la sinceridad de la gente cuando expresan afecto genuino por ti. Para ti es arriesgado aceptar que alguien se deleita en ti: *¿Y si es falso? ¿Y si es real, pero no estoy a la altura de las circunstancias o no puedo ser como ellos quieren? ¿Y si cambian de idea? ¿Entonces qué?*

Te falta confianza en ti mismo para las relaciones. Todavía no estás seguro de que esté todo bien, de que seas una buena persona, a quien valga la pena ayudar o por quien valga la pena preocuparse; incluso aunque seas un líder competente con habilidades y logros importantes. Siempre estás alerta y te cuesta distinguir entre el afecto real y la intimidad falsa.

Debido a que temes repetir el ciclo de dolor, lo mismo que yo, tiendes a ser reservado o cauteloso cuando entras a un lugar. Todos tienen baja autoestima, pero la tuya es exagerada. Sientes que siempre te dejan fuera, que te excluyen, que no te cuentan nada, que te ignoran, que no eres bienvenido. Das por sentado: *No me quieren.* A veces, sigues cayendo en esa forma de pensar y desarrollas pensamientos paranoicos.

Tienes dificultad para desarrollar amistades cercanas (aunque una vez que lo haces, eres el amigo más ferozmente leal que alguien pudiera tener). Eres retraído. Cuando la gente no te da suficientes respuestas positivas, supones que te decepcionarán y te abandonarán; lo que viviste respalda tu temor.

Eres inseguro respecto al lugar que ocupas en la vida de la gente; incluso en la vida de quienes son más cercanos a ti. Incluso de tu esposa. Así de feo puede llegar a ser.

Para protegerte de este dolor, construyes murallas a tu alrededor que dejan fuera a los demás. Ansías el amor y la amistad, pero el riesgo de que te dañen parece ser más grande que la recompensa de dejar entrar a alguien a tu vida. Hiciste un juramento: si la gente no te necesita, entonces tú tampoco.

Algunos niños ávidos de amor y privados de aprobación crecen excesivamente dependientes y dispuestos a hacer cualquier cosa para ganar el afecto o la aprobación de los demás. Otros, como yo, terminan en el camino de la autosuficiencia. Ambos caminos son consecuencia de las heridas de la niñez. No obstante, eso no significa que tienes que permanecer en ese estado. En las páginas siguientes, aprenderás los pasos que pueden liberarte de estas características debilitantes.

EJERCICIO DE REFLEXIÓN:
Mientras reflexionas en tus propias heridas, considera ¿te cuesta creer que las personas en realidad se preocupan por ti?

nunca	en raras ocasiones	a veces	por lo general	siempre

De nuevo, escoge una respuesta ahora, incluso si no estás completamente seguro.

2. ERES DEMASIADO SENSIBLE Y, CON FRECUENCIA, INTERPRETAS MAL LA INTENCIÓN DE LA GENTE

David creció sintiéndose inseguro de sí mismo. Cuando se hizo adulto, cada vez que entraba a una habitación con sus cuatro hijos, siempre terminaba sentado solo después de diez o quince minutos. Se preguntaba: «¿Qué me pasa?».

David era demasiado sensible y, como resultado, no podía interpretar su entorno. Suponía lo peor, hacía comentarios desagradables y reaccionaba exageradamente cuando sentía que alguien le faltaba el respeto.

Esto es lo que significa ser hipersensible: vives con dolor emocional crónico. Tus percepciones de las intenciones de la gente son distorsionadas; hieren tus sentimientos con facilidad. Quizás tengas la capacidad para esconder este dolor o tal vez no.

Con regularidad supones que la gente hace las cosas con la peor de las intenciones. Eres cauteloso y buscas indicios de desprecio, crítica, traición o señal social negativa. El desprecio de la gente te recuerda a tus padres. Nunca te enseñaron cómo manejar la crítica de manera correcta y no respondes bien cuando te critican.

Tomas las cosas demasiado personalmente. Cuando alguien rechaza tu pedido o escoge a otra persona, te preguntas: *¿Tengo algo malo? ¿Saben algo que yo no sé?*

No eres emocionalmente resiliente, por lo tanto, te deprimes con facilidad. Sientes pena por ti mismo y eres rápido para regodearte en la autocompasión. Alimentas las heridas y guardas rencor. Eres lento para perdonar y sientes amargura por las injusticias que sufriste.

Reaccionas exageradamente cuando la gente te cuestiona. Las personas necesitan escoger con cuidado las palabras cuando están contigo. Eres malhumorado, condescendiente, te crees superior, eres amargado, sarcástico o todo lo anterior junto. Las personas se dan cuenta de que estás herido, lastimado y eres frágil. Cuanto más exageradamente reaccionas, más se alejan de ti las personas. Entonces, sientes que se confirman tus sospechas, por lo tanto, reaccionas con mayor exageración. Tus acciones para sabotearte a ti mismo se convierten en una profecía despiadada que se cumple.

Como adulto, muchas personas te decepcionaron, no cumplieron con su palabra, no te ayudaron cuando las necesitabas.

Muchas personas se alejaron de tu amistad sin decir ni una palabra, como si tu relación con ellas no significara nada. Tristemente, eso refuerza el discurso «nadie me ama, nadie se preocupa por mí».

En realidad, a menudo lo que percibes como señales sociales negativas no tiene nada que ver contigo personalmente. Por ejemplo, la otra persona podría estar distraída, luchando con su propia crisis o, simplemente, demasiado cansada para hablar. O un amigo tuvo la necesidad de hacer un cambio en su vida y, como resultado, pasa menos tiempo contigo. Tú lo tomas como un rechazo personal y te sientes abandonado. Estas experiencias sirven como un recordatorio de que creciste sintiéndote rechazado, no te sentiste amado ni valorado.

Sin embargo, también ignoras las señales sociales *positivas*. Evitas los cumplidos. Te cuesta muchísimo creer que las personas son sinceras cuando dicen cosas agradables acerca de ti.

El autor y profesor James Garbarino escribió en *Lost Boys* (Niños perdidos) que un niño maltratado o descuidado podría desarrollar un «código» de cuatro respuestas crónicas para hacer frente al mundo que lo rodea; acabamos de ilustrar dos ellas, e ilustraremos las otras dos en la próxima sección:

- Se vuelve hipersensible a las señales sociales negativas.
- Es ajeno a las señales sociales positivas.
- Desarrolla un repertorio de comportamientos agresivos que saca a relucir cuando se siente amenazado.
- Concluye que la agresión es una forma exitosa de lograr lo que espera[3].

¿Cuáles de estas cuatro respuestas crónicas de superación usas? Para mí, los primeros tres puntos son características que tuve que rendir a Dios más de una vez. Admito abiertamente que soy propenso a sentirme rechazado, incluso cuando eso no es lo que está sucediendo en realidad, y me tomo las cosas de manera personal. Mi tendencia natural es buscar señales que refuercen mi predisposición a no confiar en la gente.

Y, para mi pesar, excepto por aquellos que se ganaron mi confianza después de mucho tiempo, todavía por lo general supongo que la gente me decepcionará. A menos que esté caminando en el poder del Espíritu Santo, me cuesta creer en las señales positivas que expresa la gente que en realidad se preocupa por mí.

En las próximas páginas analizaremos cómo puedes manejar esta clase de hipersensibilidad.

EJERCICIO DE REFLEXIÓN:
¿Eres hipersensible? ¿A menudo, malinterpretas las intenciones de la gente?

nunca	en raras ocasiones	a veces	por lo general	siempre

3. TE ENOJAS CON FACILIDAD

Drew tenía demasiada autonomía cuando era niño. Sin estructuras ni disciplina, su orgullo creció, y se convirtió en un adolescente engreído. Caminaba con el rencor a cuestas, y explotaba cuando alguien lo desafiaba. Sus padres no lo corregían.

Quizás eres como Drew (sin estructuras suficientes) y siempre te salías con la tuya o, quizás, experimentaste lo opuesto (demasiadas estructuras) y en raras ocasiones o nunca te saliste con la tuya.

Como resultado, tu punto de partida es la ira. Siempre estás cerca del punto de ebullición debido a los sentimientos reprimidos, no resueltos, causados por afrentas del pasado. Pierdes los estribos por pequeñas cosas, incluso cuando deseas poder tomarlo con calma. Por ejemplo, cuando el empleado de una tienda te saluda con indiferencia o, incluso peor, de manera irrespetuosa, sientes que la bilis de la ira te sube por la garganta.

Te resulta difícil regular tus emociones y tiendes a ser exageradamente agresivo y contencioso, en especial, cuando lidias con una persona que no se toma el tiempo para entender lo que te pasa. Tu ira puede ser explosiva, volátil y desproporcionada en relación a lo que la causa.

Juraste incontables veces que los ataques de ira terminarían, pero siguen. Y cada vez que explotas, te sientes más avergonzado y culpable.

No obstante, tal vez puedas contener tu ira cuando te conviene, por ejemplo, en el trabajo. En lo personal, nunca perdí los estribos en el trabajo, sin embargo, pasé por temporadas en que de manera regular sí lo hacía en casa.

No estás seguro sobre *qué* hacer, pero no te gusta pedir ayuda porque no quieres que nadie piense que la necesitas. Enterrar tus sentimientos no te permite enfrentar el hecho de que no sabes cómo procesar tu ira de una forma saludable. Esta actitud mantiene tu temperamento incluso más cerca del punto de ebullición.

Sin embargo, eres una persona fuerte. Saliste adelante por tus propios medios. A menudo, sientes repulsión por las personas que son débiles cuando no tienen que serlo y que no tratan de hacer algo por su propia vida. Tienes las antenas siempre paradas para identificar la arrogancia y la falsa intimidad de los demás. No tienes paciencia con las personas sensibleras que comparten demasiada información personal.

Eres muy agresivo en los deportes u otras situaciones competitivas. Asumes comportamientos arriesgados, tal como zigzaguear cuando manejas. Te enojas cuando percibes que estás siendo amenazado, desafiado o cuestionado. Si alguien te mira mal, estás listo para pelear, nunca para huir.

Como señaló Garbarino, desarrollaste un repertorio de comportamientos agresivos que sacas a relucir cuando te sientes amenazado. Llegaste a la conclusión de que la agresión es una forma exitosa de lograr lo que quieres.

No obstante, es agotador estar enojado todo el tiempo: para ti, para tu familia, para todos los que deben andar en puntas de pie cerca de ti. Tu ira también contribuye con la depresión.

Mi esperanza es que al final de este libro, hayas descubierto por qué te sientes tan enojado y que aproveches la oportunidad para hacer algo al respecto.

EJERCICIO DE REFLEXIÓN:
¿Te enojas con facilidad?

nunca	en raras ocasiones	a veces	por lo general	siempre

4. NO ESTÁS SEGURO DE CÓMO ES EL COMPARTIMIENTO MASCULINO SALUDABLE

Cuando me uní al ejército después de abandonar la preparatoria, me asignaron a la 82.ª División Aerotransportada en Fort Bragg, Carolina del Norte. Alcancé el rango de Especialista 4 en un tiempo récord y me volví excesivamente orgulloso por ello.

Cuando no logré llegar a sargento en un tiempo récord,

comencé a fastidiar a mi sargento mayor casi todos los días para que me promoviera. Finalmente, me sentó y me dijo:

—Hijo, permíteme darte un consejo. Cuanto más me fastidies, menos motivado estaré para promoverte.

Mi entrada a la edad adulta fue incómoda. Mi consciencia circunstancial era casi nula. No tenía buenos límites. Mi inteligencia emocional estaba atrofiada. Trastabillé. Nadie me había tomado bajo sus alas para enseñarme lo que era ser un hombre.

Quizás a ti también te faltó el cuidado de tu padre, de tu madre, de alguien que te guiara y te instruyera sobre lo que significa ser un hombre. No estabas preparado para entrar en la adultez porque tus padres no te equiparon para que fueras independiente.

Desde lo que implica empezar la universidad y recibir orientación para escoger una profesión a encontrar algo que podías hacer bien, ser instruido respecto a ponerte de novio y tener sexo, incluso la higiene personal, no estabas seguro de lo que era el comportamiento masculino normal, saludable.

Aun hoy, no sabes qué es lo que no sabes, pero despliegas una buena fachada. Sigues adivinando lo que es una adultez saludable. Aunque a veces le aciertas, tienes las mismas posibilidades de equivocarte. Estás desconcertado por tu comportamiento y tiendes a culparte por no saber lo que solo un hombre más experimentado podía enseñarte.

Te sientes socialmente incómodo e inseguro. Saboteas tus relaciones y tu profesión. Puedes ser intenso, demasiado agresivo con los demás. Dices cosas que no deberías decir. Haces que las personas se sientan incómodas y no sabes por qué. Eres frágil, pero tienes temor de pedir ayuda para no mostrarte débil.

Te resulta difícil levantarte por encima de tus circunstancias.

Quieres ser estable como un termostato, no ir de arriba para abajo como un termómetro. Sin embargo, no sabes cómo programar el termostato.

Los impactos de no entender el comportamiento masculino saludable fueron de amplio alcance; por ejemplo:

- ¿Resolviste quién eres y de qué se trata tu vida?
- ¿Sabes lo que es un buen matrimonio?
- ¿Sabes lo que implica ser un buen papá?
- ¿Sabes cómo encontrar un trabajo que te satisfaga y honre a Dios?
- ¿Sientes que tu vida tiene un destino?
- ¿Sientes que hay gente con la que puedes contar?
- ¿Te sientes aceptado sin importar cómo te desempeñes?
- Por lo general, ¿eres feliz y optimista respecto a la vida?

La buena noticia es que no es demasiado tarde. Quiero ayudarte a entender y a sentirte empoderado para abrazar el comportamiento masculino normal, saludable.

EJERCICIO DE REFLEXIÓN:
¿Con cuánta frecuencia sientes que sabes lo que es el comportamiento masculino saludable en una situación dada?

nunca	en raras ocasiones	a veces	por lo general	siempre

Hasta ahora, hemos tocado brevemente cuatro de nueve características de niños quebrantados. Hagamos una pausa aquí para que puedas reflexionar sobre lo que has leído hasta ahora y cómo se relaciona con tus heridas.

REFLEXIÓN Y DISCUSIÓN

1. ¿Con cuál de las nueve características en la lista de la página 43 te identificas más? (Escoge todas las que apliquen).

2. ¿Hasta qué punto luchas para creer que las personas en realidad se preocupan por ti? Provee un ejemplo.

3. ¿Los demás te acusan de ser hipersensible o de tomar las cosas de manera muy personal? Provee un ejemplo.

4. ¿Hay algo que de manera rutinaria desate tu ira? ¿Cómo haces para controlarla?

5. ¿Hay algún área particular de tu vida en la cual estás luchando para entender qué es el comportamiento masculino normal, saludable? Si es así, ¿con quién podrías hablar para que te ayude en esa área y te muestre cómo son las cosas?

ENTENDIENDO TUS HERIDAS: SEGUNDA PARTE

NO TODAS LAS CARACTERÍSTICAS que muestras son exclusivamente el resultado de las heridas de tu niñez, sin embargo, las nueve que estamos analizando se relacionan fuertemente con crecer en un hogar disfuncional. Estas son las descripciones de las cinco que faltan.

5. ERES INSEGURO Y NECESITAS QUE TE MOTIVEN CONSTANTEMENTE

Quizás seas un maestro, líder, mentor, esposo, padre, amigo o padre espiritual extraordinario, pero te falta confianza. Tal vez seas excelente en tu trabajo, pero todavía tienes dudas molestas sobre tus habilidades.

Tu inseguridad hace que la gente se aproveche de ti. A menudo, eres excesivamente leal. Cuando te traicionan, haces todo el esfuerzo posible para dar nuevas oportunidades, mucho más allá de lo que se merecen. No obstante, tu motivación no es la caridad; es el temor a la pérdida.

Esto también significa que tiendes a querer agradar a la gente. No te gusta causar problemas. Tratas de mantener la paz y que todos estén felices. Tienes temor de herir los sentimientos de los demás y también te preocupa que alguien se enoje por lo que dices y haces. Evitas la confrontación a cualquier precio.

Debido a que tienes un fuerte deseo de caerle bien a la gente, puedes llegar a ser grandilocuente. No estás libre de jactarte de conocer gente importante, de alardear de tus posesiones o exagerar tu pasado para influir positivamente en la forma en que la gente te percibe. Mientes cuando decir la verdad funcionaría mejor. Cuando era joven, les mentía a mis amigos diciéndoles que tenía órdenes de ir al frente de batalla, pero que mi sargento mayor había venido personalmente a bajarme del avión justo antes del despegue porque deseaba que siguiera trabajando para él. Aunque nunca sucedió, me sentía más importante cuando contaba esta mentira. Hice esto durante una década.

Si uno de tus padres o ambos fueron autoritarios, creciste bajo altas demandas de conformidad y obediencia externa. Si te gritaban o te pegaban (a veces con ira) cuando hacías algo mal, pero no te motivaban cuando hacías bien las cosas, entonces, no creciste en un ambiente seguro y alentador. Te faltó apoyo social y seguridad emocional.

Es difícil echar raíces seguras en un terreno duro e inhóspito. Como resultado, tienes baja autoestima, ni siquiera estás seguro de agradarte a ti mismo. Todos tienen dudas personales, pero las tuyas son exageradas. Con frecuencia, te sientes indigno de ser amado, respetado o de que los demás crean en ti. Eres propenso a la tristeza e incluso a la depresión y nunca estás satisfecho. Siempre hay algo más que debes hacer para ser lo suficientemente bueno. Es difícil para ti simplemente «ser».

En las relaciones, o eres demasiado tímido o demasiado agresivo.

Cuando sientes que alguien piensa que es mejor que tú, lo que pasa en realidad es que tú piensas que no eres tan bueno como esa persona. Evitas la alabanza porque piensas que no eres digno ni la mereces, pero aun así anhelas que te motiven. De manera constante, buscas aprobación y respuestas positivas que te hagan saber que estás bien. Esto es agotador tanto para ti como para quienes te aman.

La motivación es el alimento del corazón, y todos los corazones están hambrientos. No obstante, el tuyo está excepcionalmente hambriento. Te aferras a cualquier palabra de apoyo o valoración de la misma forma en que un hombre que se está ahogando se aferra a un bote salvavidas. Todo esto cambiará a medida que tus heridas comiencen a sanar.

EJERCICIO DE REFLEXIÓN:
¿Te sientes inseguro y buscas que te confirmen de manera constante que estás bien?

nunca	en raras ocasiones	a veces	por lo general	siempre

6. CAMBIAS DE HUMOR DE MANERA DRAMÁTICA Y NO SABES POR QUÉ

Una vez estaba dando una conferencia en un evento de hombres, el líder de alabanza desapareció cuando yo estaba hablando y reapareció cuando yo había terminado. Supuse lo peor y me sentí desanimado. Al día siguiente se disculpó y me comentó que su hijo lo había llamado para pedirle consejo porque tenía la intención de proponerle matrimonio a su prometida aquella noche. El menosprecio fue puro producto de mi imaginación.

Así como yo, *buscas* formas de crear las explicaciones menos favorables. Todavía estás enojado por lo que te sucedió cuando eras niño y tienes pavor de sentirte así de nuevo. Esto te lleva a pensar más de lo necesario en las circunstancias y, luego, reaccionas exageradamente según lo que piensas que podría suceder.

Eres voluble. No tienes control sobre tus emociones. Puedes pasar en cuestión de minutos de la ira a la tristeza, de la tristeza al temor, del temor a los buenos pensamientos y, luego, de nuevo a los malos pensamientos. Y no sabes por qué.

No obstante, tu estado de ánimo más común es estar triste, enojado, mal, amargado, avergonzado o irritable. Cuando estás con ese estado de ánimo, o buscas discutir con alguien o te arrastras hasta el hoyo más cercano para evitar la discusión. En cualquiera de los casos, no respondes bien a la crítica, como resultado te vienes en picada cuando te critican.

Reprimes lo que te pasa y te desanimas con facilidad. Te comportas como un niño cuando no logras hacer las cosas a tu manera. Aunque también puedes enfadarte cuando *sí* te sales con la tuya. En lugar de ser agradecido por las cosas buenas que suceden, te molestas por lo que pudo salir mal. Todas estas reacciones sabotean tus relaciones.

Las personas se molestan contigo con rapidez, y tú también te molestas con ellas con rapidez. Cuando estas de mal humor, todo es dramático. Todos los días alguien hiere tus sentimientos, y tus reacciones son exageradas en relación con la situación.

Tal vez estás teniendo un buen día y, entonces, de repente tu esposa duda, un amigo te mira con escepticismo o un colega discrepa contigo, y es como si te hubieran pinchado el globo. Te desanimas. Sientes que nadie entiende por lo que estás pasando y te resulta difícil dejar atrás tu pasado. Vamos a trabajar sobre eso.

EJERCICIO DE REFLEXIÓN:
¿Tienes grandes cambios de humor que son difíciles de explicar?

nunca	en raras ocasiones	a veces	por lo general	siempre

7. ERES O «EL HIJO RESPONSABLE» O ESPECIALMENTE INMADURO PARA TU EDAD

Dependiendo de tu naturaleza, las heridas de tu niñez te hicieron tan duro como una piedra o tan frágil como un huevo.

Si te dijeron que nunca llegarías a nada, por ejemplo, creíste esa sentencia o la rechazaste.

Asumiste uno de dos roles: (1) eres el hijo responsable que sobresale en todo, decidido a probar que tus padres estaban equivocados o (2) eres especialmente inmaduro para tu edad, un bueno para nada determinado a probar que tus padres tenían razón.

Si asumiste el primer rol, es probable que seas altamente disciplinado, como el alcohólico que mantiene la cordura y tiene éxito. Eres autosuficiente y reaccionaste a tu niñez escogiendo asumir responsabilidades y quebrar el ciclo vicioso. Quizás también seas defensor de los débiles.

Como el hijo responsable, sientes que es tu obligación que todos estén felices. Te rompes la espalda para no defraudar a nadie, casi hasta el punto de ser permisivo porque *te han* defraudado y sabes cómo se siente eso.

Eres exigente contigo mismo. Se podría decir que tienes motivación. Sientes que si sobresales en lo que haces, la gente dependerá de ti. Por el contrario, si no lo haces, podrían descartarte.

Si eres inmaduro para tu edad, habiendo asumido el segundo rol, eres el campeón de las causas perdidas. Te cuesta completar las cosas o tienes como costumbre sabotear tu propio éxito.

Eres sumamente dependiente de los demás. Reaccionaste a tu niñez rechazando asumir responsabilidades por muchas o la mayoría de las cosas, incluyendo tus propios errores y pecados. Las personas no pueden contar contigo.

No tienes dominio propio y haces rabietas cuando no te sales con la tuya. Quieres que el mundo gire a tu alrededor. Es como si hubieras quedado atascado en el pasado; *quieres* ser maduro, pero cuando las cosas se ponen difíciles reaccionas como un niño. Tus emociones te dominan. Esto tal vez sea el resultado de la permisividad de tus padres que te llevó a ser irresponsable, pero también podría ser un acto de rebelión contra una niñez sofocante con demasiadas reglas.

Mi objetivo es ayudarte a deshacerte de cualquier rol disfuncional que hayas adoptado para que llegues a ser el hombre que Dios quiere que seas.

EJERCICIO DE REFLEXIÓN:

¿Tiendes a uno de los extremos de ser súper responsable o especialmente inmaduro?

nunca	en raras ocasiones	a veces	por lo general	siempre

8. NO PUEDES DESHACERTE DE LAS VOCES NEGATIVAS QUE SUENAN EN TU CABEZA

Cuando eras niño y compartiste con tus padres tus sueños, no recibiste una respuesta inspiradora, positiva que te incentivara. Quizás incluso hicieron una broma sobre eso o se burlaron y no creyeron en ti. No recuerdas que te hayan animado o que te hayan hecho sentir seguro con regularidad.

Ahora, como adulto, no puedes deshacerte de las voces negativas que suenan en tu cabeza, incluso cuando tienes éxito. Eres tu peor crítico. Aun cuando eres feliz, te sientes culpable porque sientes que no lo mereces.

Todos tenemos una conversación constante con nosotros mismos todo el día. La llamamos reflexión. Y la necesitamos porque es reflexionando que organizamos los trozos de nuestra vida para hacer una historia congruente.

No obstante, para ti la conversación es un recordatorio constante de que estás quebrantado y que vienes de un trasfondo disfuncional. Estas voces destructivas hacen que te cueste aún más dejar atrás tu pasado. Son como una canción que se repite una y otra vez: *Este no es tu lugar. No eres digno. No mereces que te pasen cosas buenas.*

Sientes que estás solo en el mundo. Te cuesta mantener tus emociones bajo control. Te preguntas por qué te deprimes con tanta facilidad. Quizás has estado luchando con la depresión por mucho tiempo.

Criticas tu desempeño y te castigas sin misericordia. Eres duro contigo mismo porque asumes la culpa, la responsabilidad y la vergüenza por tus heridas.

Tener pensamientos negativos no es inusual. De hecho, los pensamientos negativos son normales. Sin embargo, para ti, son exagerados.

En mi libro *Man Alive* (Hombre vivo) descifré siete pensamientos dolorosos que, a menudo, los hombres mencionan cuando intentan expresar lo que sienten[1]. En tu caso, estas voces son extra fuertes:

- «Siento que estoy solo en esto».
- «No siento que Dios se preocupe por mí personalmente, no de verdad».
- «No siento que mi vida tenga un propósito; es como si no tuviera rumbo».
- «Tengo comportamientos negativos repetitivos que no me dejan avanzar».
- «Siento que mi alma está seca».
- «Mis relaciones más importantes no son saludables».
- «No siento que esté haciendo algo que marque una diferencia como para que el mundo sea un mejor lugar».

Si estas clases de pensamientos negativos están en tu mente antes que la afirmación, el amor, la paz y el gozo entonces estás fuera de tu eje. Para el final de este libro, estarás mucho mejor preparado para tomar el control de la conversación que tiene lugar en tu cabeza.

EJERCICIO DE REFLEXIÓN:
¿Puedes controlar las voces negativas que suenan en tu cabeza?

nunca	en raras ocasiones	a veces	por lo general	siempre

9. TE AISLASTE DE LOS MIEMBROS DE TU FAMILIA EMOCIONAL O FÍSICAMENTE

Si tuviste hermanos en tu hogar disfuncional, es probable que tus padres no los hayan criado ni los hayan disciplinado de manera equitativa. Tal vez, tus hermanos se aprovecharon de los puntos débiles de tus padres y tú pagaste el precio. Como resultado, el resentimiento que nunca fue procesado crece.

Permíteme decirte cómo fue mi experiencia respecto a esto. Mis tres hermanos menores sabían cómo hacerme enojar. Usaban mis cosas sin pedirme permiso o, si lo hacían, cuando me las devolvían siempre había alguna clase de problema. Entonces me enojaba y perdía los estribos. Como resultado, mi papá se sacaba el cinto de cuero, lo doblaba en dos y me azotaba por enojarme con mis hermanos; mientras el hermano que había causado el problema se burlaba de mí con la versión más malvada de su sonrisa «Te hice caer de nuevo en la trampa».

Quizás te sucedió algo parecido y todavía guardas rencor por eso. Haces lo mínimo para mantenerte en contacto o, tal vez, hace años que no hablas con tu hermano o hermana.

En la Biblia, los padres que trataron a sus hijos con favoritismo causaron separaciones familiares épicas sobre las cuales hablaremos hoy. Abraham le dejó todas sus posesiones a Isaac y sacó a Ismael y a sus otros hijos de su testamento. Isaac bendijo a su hijo Jacob, pero no a Esaú, y sus descendientes se odiaban. José era la luz de los ojos de su padre, y sus hermanos lo vendieron como esclavo.

En cuanto a tus padres, quizás les reproches el hecho de que no te dieron el amor, las estructuras, raíces o alas que necesitabas y merecías. O, tal vez, eran pasivos, ausentes, permisivos, propiciadores, vivían enojados, eran exigentes o denigrantes. Creciste en el descuido emocional o el abandono físico, pero no entendías por qué. Juraste que, si alguna vez podías escaparte, nunca volverías a mirar atrás y tendrías el menor contacto posible con ellos.

Como resultado, cuando tuviste la oportunidad, pusiste distancia entre tú y los miembros de tu familia. Te retrajiste física, emocionalmente o ambas cosas. En tu confusión, dolor e ira por tu niñez, era lo mejor que podías hacer. Te alejaste de todos aquellos familiares que te recordaban las heridas de tu niñez incluyendo tías, tíos y primos.

El autor y profesor James Garbarino escribió en *Lost Boys* (Niños perdidos) que cuando el alma de un niño es herida, se sumerge en un caparazón emocional y se cierra al mundo para preservarse. A medida que pasan los años, el caparazón se hace más grueso y, finalmente, se endurece[2].

Ahora, muchos años más tarde, eres un hombre maduro. El pasado se siente más lejano, y el dolor ha cedido un poco. En lo profundo de tu alma, sientes que es tiempo de dar pasos para reconciliar tus relaciones, que es tiempo de reencontrarte con tu familia. No obstante, ese patrón de aislamiento es difícil de quebrar.

Mientras trabajas en la segunda parte, «El proceso de sanidad», tengo la esperanza de que será posible la reconciliación con los miembros de tu familia. Sin embargo, a pesar de eso, puedes encontrar la paz que tanto anhelas.

EJERCICIO DE REFLEXIÓN:
¿Sientes que te alejaste de tus padres y hermanos?

nunca	en raras ocasiones	a veces	por lo general	siempre

El mensaje esperanzador de este libro es que, a pesar de la profundidad de tus heridas, puedes sanar y lograr la reconciliación. Ese es el proceso que vamos a comenzar en el próximo capítulo. Pero primero responde las siguientes preguntas.

REFLEXIÓN Y DISCUSIÓN

1. ¿Cuál es la duda personal que te hace sentir inseguro?

2. ¿Últimamente experimentaste un gran cambio de humor? ¿Cuáles fueron las circunstancias?

3. ¿Asumiste el rol de hijo responsable o de un hombre especialmente inmaduro para su edad? ¿Por qué crees que el rol con el que te identificas te describe?

4. ¿Hay alguna experiencia, palabra, pensamiento o voz negativa que resuene en tu cabeza que haya empezado en tu niñez y que todavía te atormente?

5. ¿De cuál de tus padres y hermanos te aislaste por lo que sucedió en tu niñez?

SEGUNDA PARTE

EL PROCESO
DE SANIDAD

6

UNA VISIÓN GENERAL DE CÓMO PUEDES SANAR

CUANDO TENÍA UN POCO MÁS DE TREINTA AÑOS, mi fe en Dios comenzaba a crecer y a fortalecerse y empecé a anhelar relacionarme con mi papá. En ese tiempo, apenas nos veíamos solo en Navidad, Acción de Gracias y el Cuatro de Julio.

Después de orar mucho, invité a mi papá a almorzar el día de su cumpleaños. Pasamos un tiempo maravilloso. Esta salida se convirtió en una tradición anual. Después de algunos años de haber iniciado esta tradición, luego de pagar la cuenta, cuando cada uno se dirigía hacia su vehículo (los cuales por coincidencia estaban aparcados uno al lado del otro) le dije de manera espontánea:

—Papá, ¿puedo darte un abrazo?

Antes de que tuviera tiempo de siquiera darme cuenta, papá se lanzó hacia mí como un toro. Me abrazó y me apretó con tanta fuerza que sentí como si un oso pardo me estuviera abrazando. Luego dejó escapar un gemido largo, profundo, primordial. *Mmmmmmmm...* el cual debe haber durado veinte o treinta segundos.

En todo lo que podía pensar era en su dolor profundamente enterrado. Su padre lo había abandonado cuando tenía dos años de edad, por lo tanto, nunca tuvo un padre a quien imitar. Nunca tuvo un padre que jugara con él, nunca escuchó la instrucción de un padre sobre los caminos de la vida. A eso se le sumaron, todos aquellos años perdidos durante los cuales no nos habíamos abrazado.

Al final de lo que pareció una breve eternidad, nos apartamos el uno del otro y nos pusimos las manos en los hombros. Me miró, y lo miré. Lágrimas saladas y cálidas rodaron por nuestras mejillas.

—Te amo, papá —le dije.

—Yo también te amo —me respondió. Y, entonces, nos fuimos cada uno por su lado. Eso fue todo.

Siendo sincero, no estoy seguro de que alguien pueda explicar de manera adecuada lo que sucedió en aquellos preciosos momentos. Nuestras almas fueron limpiadas. Un siglo de penas se disolvió en un breve instante, y el dolor intangible de lo que pudo haber sido se desvaneció. Una muestra de la gloria resplandeciente del paraíso se abrió ante nosotros. La mano de gracia de Dios derribó una muralla. La reconciliación tuvo lugar, y yo experimenté un gozo indescriptible.

En ese momento único comenzó el proceso de sanidad que cambió a nuestra familia para siempre. Antes de ese día, el afecto físico y verbal era insólito. No obstante, durante los años que siguieron, los abrazos y las expresiones verbales de amor se volvieron la norma; y no solo entre mi padre y yo, sino entre toda la familia. Siempre nos saludábamos y nos despedíamos con un abrazo y un «Te amo».

Por ejemplo, un día poco tiempo después de ese abrazo, llamé por teléfono a mi hermano. No habíamos sido particularmente cercanos. No estábamos disgustados, pero el afecto que teníamos el uno por el otro era lo mínimo requerido para ser considerado civilizado. Habíamos escogido caminos diferentes.

Sin embargo, ese día, cuando estábamos despidiéndonos, sin razón aparente me dijo:

—Te quiero, Pat.

¿Qué? ¿De dónde vino eso? Pensé.

Entonces le dije:

—Yo también te quiero.

—¡Pero yo te quiero más que lo que tú me quieres! —respondió en broma.

Estaba pensando: *¿Quién eres? ¿Qué hiciste con mi hermano?*

—No, no es cierto —respondí—. Siempre te quise más que lo que tú me quisiste.

—Eso es ridículo. ¡Yo lo dije primero!

A continuación (y lo estoy caricaturizando un poco) le dije:

—Bueno, no me importa lo que digas. Te quiero más que lo que tú me quieres. —Entonces me reí y con rapidez colgué el teléfono antes de que él pudiera decir algo más.

Sin pretensiones, planeación anticipada ni expectativas, la relación con mi familia comenzó a sanarse. Hoy, creo que esta transformación fue una obra sobrenatural del Espíritu Santo. Escuché a otros hombres compartir historias similares sobre la transformación de sus familias.

EL PUNTO DE PARTIDA

¿Qué hace falta para que comiences a sanar las heridas de tu niñez? La sanidad implica dolor; debes reconocer que el dolor es real, identificar de dónde viene y, luego, saber cómo enfrentarlo, llorarlo, aceptarlo, controlarlo y sanarlo.

A partir de la lectura de los capítulos anteriores, ahora tienes un entendimiento mucho mejor respecto al origen de tu dolor, a lo que salió mal y a la forma en que el daño que te hicieron todavía te afecta hoy.

Estoy profundamente consciente de que hemos abierto viejas heridas. Aunque es probable que te sientas más frágil ahora de lo que te sentiste por un buen tiempo, eres más poderoso al mismo tiempo. Eso se debe al hecho de que un problema que se entiende apropiadamente está semiresuelto.

Ese abrazo de oso entre mi papá y yo fue épico. Puso en marcha el proceso de sanidad. Pero fue solo el comienzo. Debido a que yo no sabía identificar o expresar los conceptos que estamos analizando en este libro, mi proceso tomó dieciocho años más. Tu sanidad puede suceder con mucha más rapidez.

Si pasas por el proceso que estoy por describir y lo sigues al pie de la letra, *involucrándote* no solo *leyendo*, puedes sanar y tomar el control de tu vida.

Aunque no eres responsable por lo que te sucedió, ahora eres el único que puede hacer algo al respecto.

ETAPAS DE LA SANIDAD

La sanidad tiene lugar en etapas, pero las etapas a menudo se superponen o no siguen un orden estricto. Algunas etapas pueden tomar unas cuantas semanas, otras unos cuantos años. A continuación, encontrarás un resumen:

- *Vencer la negación y enfrentar la verdad:* Debes salir de la negación y reconocer el gran sufrimiento con el cual tuviste que lidiar.

- *Hacer duelo:* Haz duelo por lo que te perdiste, por lo que podría haber sido y trabaja la aceptación sin reaccionar exageradamente con dolor e ira.

- *Perdonar:* Repiensa la historia de tus padres y perdona.

- *Reparar el daño:* Confiesa cualquier participación que hayas tenido (por ejemplo, un temperamento difícil), pide disculpas, repara los daños y pide a tus padres que te perdonen. Ten en cuenta que bajo ninguna circunstancia y de ninguna manera eres responsable por el comportamiento abusivo en contra de tu persona, haya sido físico, emocional o sexual; incluso si alguien trata de manipularte para que pienses que compartes la culpa.

- *Renovar:* Rehabilita la relación cuando sea posible.

- *Establecer límites:* Establece límites si es necesario (por ejemplo, para las palabras tóxicas que todavía te digan).

- *Transformar:* De manera intencionada y activa conviértete en un hombre que camina en el poder de Dios, exhibiendo amor, gozo, paz, paciencia, benignidad, bondad, fidelidad, gentileza, dominio propio, humildad, integridad, gratitud y sabiduría.

No hay una secuencia mágica, universal, ni rígida para trabajar estas etapas. El único requisito esencial para que logres la sanidad es que, en algún momento, abordes cada una de las etapas.

Por ejemplo, a continuación, encontrarás un cronograma breve para demostrarte cómo fue para mí, organizado según las diferentes etapas de mi vida:

- **1–17:** sufrí enormemente cuando era niño.
- **18:** me fui de casa y tomé el control de mi vida.
- **24:** me casé y me volví seguidor de Jesús.
- **25:** perdoné a mis padres.
- **27:** juré romper el ciclo vicioso en mi propia familia cuando era un padre joven.
- **35:** escuché a mi papá decirme por primera vez «Te amo» y me reconcilié con mis padres.
- **47:** me enteré por primera vez de que mi papá estaba orgulloso de mí.
- **53:** enfrenté la verdad, vencí la negación, hice duelo y sané.
- **Hoy:** todavía camino cojeando, pero con gozo.
- **Hoy:** ayudo a otros hombres con heridas de la niñez.

Ten en cuenta que perdoné a mis padres mucho antes de enfrentar la verdad y de vencer la negación. De la misma manera, tu proceso de sanidad sucederá a su propio paso y en su propio orden.

No hay necesidad de acelerarlo, pero tampoco hay razón para posponerlo por más tiempo. En el próximo capítulo, vamos a abordar el tema de cómo vencer la negación y enfrentar la verdad. Sin embargo, primero responde las preguntas de reflexión y discusión.

REFLEXIÓN Y DISCUSIÓN

1. ¿Cómo describirías las emociones que estás sintiendo sobre involucrarte de manera auténtica con las etapas de sanidad que acabamos de describir? Por ejemplo, podrías estar en cualquiera de los siguientes estados o en todos: entusiasmado, optimista, animado, positivo, nervioso, inseguro, escéptico, temeroso, ansioso.

2. «No eres responsable por lo que te sucedió, pero eres el único que ahora puede hacer algo al respecto». ¿Estás de acuerdo con esta afirmación? ¿Por qué sí o por qué no? Si respondiste sí, ¿cuáles son las implicaciones para ti personalmente?

3. Si aplica, ¿cuáles de las etapas de sanidad descritas en este capítulo ya has procesado? ¿Cuál es la siguiente etapa que te gustaría abordar? ¿Por qué?

7

AMNESIA EMOCIONAL: CÓMO VENCER LA NEGACIÓN Y ENFRENTAR LA VERDAD

CUANDO ESTABA EN LA UNIVERSIDAD, corría motocrós los fines de semana. Mis padres vinieron a verme correr solo una vez y ese fue el día en que tuve un choque desagradable y tuvieron que llevarme de urgencia al hospital en helicóptero. Mis padres nunca entraron a la sala de emergencias para ver cómo estaba.

Uno pensaría que ese recuerdo sería tan doloroso que me volvería loco. No obstante, hasta hace poco tiempo, no recordaba que no habían venido al hospital a verme. Para protegerme a mí mismo, había desarrollado una especie de amnesia emocional. Literalmente, estuve en negación por décadas. Mi cerebro no podía procesar la verdad; por lo tanto, escogió desactivar el recuerdo.

Todos archivamos los recuerdos desagradables para evitar los pensamientos dolorosos, pero la negación va más allá. La negación borra esos recuerdos de la consciencia, de modo que no puedes acceder a ellos sin inconvenientes.

Aceptar que tus padres te fallaron y que todavía estás bajo la influencia de las heridas de la niñez puede ser una pastilla difícil de tragar. ¿A quién le gusta sacar a la luz y revivir recuerdos y sentimientos desagradables? La negación es el camino de la menor resistencia; es menos doloroso y menos difícil que tratar de procesar lo que te dejó tan quebrantado.

No obstante, no puedes sanar lo que no puedes describir o reconocer. En algún momento, debes enfrentar la verdad. Tengo la esperanza que la primera parte te haya ayudado a reconocer con mayor claridad las formas en que fuiste herido. Ahora es tiempo de personalizar lo que aprendiste.

VERDADES DIFÍCILES, PERO QUE VALEN LA PENA

Será muy duro enfrentar los hechos difíciles, dolorosos y humillantes de tu niñez. La mayoría de las cosas que valen la pena lo son. Admiro tu valor para enfrentar la verdad.

Sin embargo, también va a ser muy liberador y reconfortante el hecho de que vas a sentir que estás viendo las cosas como son en realidad; quizás por primera vez en tu vida.

Así como mi consejera me ayudó a demoler la ficción que había construido para protegerme del sentimiento de que no era valioso para mis padres, deseo ayudarte a recordar lo que en realidad pasó; a comenzar a procesar cualquier experiencia que hayas enterrado porque era demasiado dolorosa para recordar.

Por ejemplo, podrías llegar a una o varias de las siguientes conclusiones:

- «No me sentía profundamente amado ni querido».
- «No sabía si mis padres estaban orgullosos de mí».
- «No me dieron suficientes palabras de afirmación».
- «No recibí suficiente afecto físico».
- «Mis padres no tenían suficiente tiempo para mí».
- «No me sentía preparado para ser un hombre, esposo y padre».
- «Sufrí abuso o descuido emocional o físico».
- «Siento que debo esforzarme para ser aceptado».
- «No estoy seguro de cómo funciona una relación saludable».
- «Todavía no me siento valioso ni deseado».

Antes de comenzar, deseo advertirte algo: tampoco queremos «ajustar demasiado» nuestros recuerdos. La negación puede ser un arma de doble filo. Eso se debe a que el dolor conduce a historias desequilibradas. Por lo tanto, ten cuidado de no caer en la negación de lo *bueno* que tus padres hicieron, porque eso también interferirá con tu proceso de sanidad.

Por ejemplo, deseo recordar siempre que mi padre tenía mucha integridad y un sentido del humor maravilloso y limpio. Deseo seguir riéndome por lo bajo cuando recuerdo algunas de las cosas graciosas que hizo.

Por ahora, sin embargo, la meta es enfrentar la verdad de lo que en realidad salió *mal*. Solo entonces podrás comenzar a tomar el control de lo que te estuvo controlando.

Piensa en la siguiente pregunta: ¿Qué verdad debes enfrentar sobre lo que tus padres deberían haberte dado, las formas en que te fallaron, las heridas que cargas y las características que muestras como resultado?

Lo que te estoy proponiendo es que te permitas recordar, sentir e, incluso, volver a experimentar lo que enterraste en tu cerebro. Este proceso puede causarte algún dolor emocional pasajero, pero te prometo que valdrá la pena.

Sinceramente, puedes tratar de olvidar, levantar una muralla, decirte a ti mismo que no te tomes de manera personal lo que te perdiste y enmascarar tu dolor por años, incluso, décadas. Sin embargo, la negación no ocultará la disfunción. Y no enfrentar la verdad, en definitiva, no te ayudará a quebrar el ciclo vicioso.

Por el contario, en cinco o seis años te encontrarás luchando todavía, gradualmente, con las mismas características descriptas en el «Capítulo 4». Hasta que enfrentes tus demonios, ellos seguirán atormentándote.

AYUDARTE A TRIUNFAR

El proceso de enfrentar la verdad es tanto simple como complejo. Es *complejo* porque desafortunadamente somos humanos finitos y frágiles y, aunque nuestro espíritu está dispuesto, nuestra carne es débil. Es *simple* porque, así como el cuerpo está diseñado para sanarse, también lo está el cerebro.

A continuación, encontrarás un puñado de acciones que te ayudarán a enfrentar la verdad de la mejor manera, de modo que tengas éxito.

Establece una meta global

Establece una meta positiva, global para tu proceso de sanidad; algo así como: «Deseo ser emocionalmente saludable, honesto conmigo mismo y pensar como adulto».

En mi caso esa meta es: «Por la gracia de Dios, rehúso permitir que las heridas de mi niñez definan quién seré por el resto de mi vida». ¿Cuál sería una buena meta global para ti?

Adopta «el credo del quebrador del ciclo vicioso»

El siguiente credo captura la esencia de tu misión. Permíteme que te anime a adoptar este credo ahora. Luego, en la sección «Reflexión y discusión», tendrás la oportunidad de firmar y fechar tu compromiso.

EL CREDO DEL QUEBRADOR DEL CICLO VICIOSO

- No seré derrotado.
- No me aislaré de la vida solo porque sea dolorosa.
- Confrontaré la verdad.
- No me aferraré a los comportamientos que comenzaron el ciclo de disfunción.
- En tanto que de mí dependa, no huiré del matrimonio ni de las responsabilidades familiares que ya asumí.
- Me involucraré emocionalmente para entender la información que me dan.
- Por la gracia de Dios, sanaré las heridas de mi niñez, romperé el ciclo y tomaré el control de mi vida.

Pídele ayuda a Dios

Si estás perdido en el bosque, es una buena idea trepar a un árbol para tener una mejor perspectiva. Esta misma idea se puede usar cuando estamos emocionalmente perdidos.

Así como trepar a un árbol nos provee perspectiva, la oración mucho más. No hay mejor punto de partida en este proceso que pedir sanidad a Dios. Pídele a Dios que te revele las heridas escondidas, así como las evidentes. El libro de los Salmos describe lo que sucede cuando oramos pidiendo ayuda:

Oh Señor mi Dios, clamé a ti por ayuda,
y me devolviste la salud.
Me levantaste de la tumba, oh Señor;
me libraste de caer en la fosa de la muerte.

SALMO 30:2-3

Reconoce tu parte

Obra conforme a lo que la oración te revele. Es verdad que Dios puede sanar de manera sobrenatural cuando pedimos ayuda en oración, pero el método habitual de Dios es que seas un participante activo en tu sanidad. Por ejemplo, si te duele una muela, debes orar por sanidad, pero luego debes sacar turno con un dentista para que Dios pueda responder tu oración de la manera más probable. En lo personal, descubrí que el Espíritu Santo de Dios tiende a hacer su mejor obra cuando yo hago mi mejor esfuerzo.

Comprométete a obtener el conocimiento, la experiencia y la sabiduría suficientes como para que seas capaz de elaborar un pensamiento y luego analizarlo de manera objetiva; como si estuviera en una mesa delante de ti para que lo inspecciones y actúes.

No supongas demasiado. Lee. Piensa. Cuenta tu historia. Escucha las historias de los demás.

Permítete hacer preguntas reales

Cuando le permitas a tu mente que active los pensamientos y las experiencias enterradoras comenzará un proceso saludable de recordar lo que te sucedió. Cuánto más medites sobre tu pasado, más recordarás. Cuánto más recuerdes, más preguntas adicionales tendrás.

Permíteme darte un ejemplo basado en lo que escribí y procesé el día que enfrenté la verdad de que mis padres no me habían visitado cuando me llevaron en helicóptero a la sala de emergencias:

- ¿Por qué mis padres no vinieron al hospital?
- ¿Qué información me dan las emociones que estoy sintiendo ahora?
- Mi respuesta ahora es reaccionar exageradamente: «Soy una segunda opción».
- ¿Qué les sucedió para que fueran así?

Cada vez que hacía una pregunta, esa pregunta traía a la luz otra pregunta más profunda:

- ¿Por qué mis padres no mostraron interés en mi profesión y en lo que estaba haciendo?
- ¿Por qué no invitaban a nuestros hijos a quedarse con ellos? (Vivimos en la misma cuidad).
- ¿Qué sentía mi madre? ¿Cuáles eran sus luchas? ¿Me amaba? ¿Estaba orgullosa de mí?
- ¿Qué otra cosa archivé y enterré?
- ¿Esto me ayuda a entender por qué abandoné la preparatoria?
- ¿Esto alimenta mi problema de ira?
- ¿Esta es la razón por la cual todavía me afecta tanto cuando la gente me decepciona?
- ¿Podría ser esta la razón por la cual tuve un interés tan limitado en las familias de mi padre y de mi madre?

Tal vez, te cueste tener buenas respuestas de inmediato o, quizás, nunca las tengas; de todos modos, ya no negarás lo que hizo que te convirtieras en un niño quebrantado.

AHORA ES TU TURNO

Ahora inténtalo tú. Escribe la verdad que estuviste negando y que necesitas enfrentar. Comienza escogiendo un recuerdo doloroso; uno que trataste de sacar de tu mente y reflexiona sobre ese recuerdo. Cuando lo hagas, te surgirán preguntas; no las reprimas. En lugar de eso, escríbelas; como hice yo en el ejemplo. Usa el espacio con renglones que se encuentra al final de este capítulo, un diario aparte o un dispositivo electrónico y escribe tus sentimientos, recuerdos y pensamientos. Como Francis Bacon señaló: «Escribir hace preciso a un hombre».

Cuando estés satisfecho, continúa con los otros recuerdos dolorosos que hayas podido traer a la mente hasta este punto.

Si tus recuerdos desencadenan emociones extrañas o intensas, permítete experimentarlas. Como me dijo mi consejera, no trates de fabricarlas, pero tampoco trates de controlarlas ni suprimirlas.

Debes completar este ejercicio antes de pasar al próximo capítulo. El propósito de escribir es acelerar la muerte de la negación y el comienzo del duelo.

A continuación, encontrarás tres sugerencias que te pueden ayudar a comenzar:

1. ¿Con qué te identificas más de los capítulos 3, 4, 5 y 6?
   - ¿Es con la falta de amor, estructuras, raíces o alas?
   - ¿Es con los padres pasivos, ausentes, permisivos, propiciadores, enojados, exigentes o denigrantes?

- ¿Es con el hecho de que sientes que las personas no se preocupan, que eres demasiado sensible, que te enojas con facilidad, que no sabes lo que es normal, que eres inseguro, que sufres cambios de humor, que te sientes demasiado responsable o irresponsable, que eres incapaz de silenciar las voces negativas que suenan en tu cabeza o que te alejaste de tu familia?

2. Remítete a las notas que escribí para mí mismo cuando finalmente pude aceptar que mis padres me habían fallado (vuelve a la sección «El comienzo del duelo» en la página 18). ¿Estas notas remueven algo en tu interior? ¿Tus experiencias se asemejan a las mías?

3. Usa la sección de preguntas «Permítete hacer preguntas reales» (página 84) para dar lugar a las preguntas que tal vez tengas. ¿Tus preguntas se parecen en algo a las mías?

LA VERDAD QUE NECESITO ENFRENTAR:

REFLEXIÓN Y DISCUSIÓN

1. ¿Hasta qué punto la «amnesia emocional» evitó que enfrentaras la verdad sobre las heridas de tu niñez? Provee un ejemplo de una verdad que mantuviste enterrada y sobre la forma en que esta afectó tu vida.

2. ¿Escribir «La verdad que necesito enfrentar» te ayudó a describir, reconocer y enfrentar la verdad sobre lo que te sucedió? ¿Cuál es la enseñanza más grande que obtuviste?

3. Escribe la meta positiva y global que deseas alcanzar para vencer la negación y enfrentar la verdad:

_____

_____

_____

4. Adopta, firma y pon la fecha al siguiente credo:

EL CREDO DEL QUEBRADOR DEL CICLO

- No seré derrotado.
- No me retiraré de la vida solo porque sea dolorosa.
- Confrontaré la verdad.
- No adoptaré los comportamientos que comenzaron el ciclo de disfunción.
- En tanto que de mí dependa, no huiré del matrimonio ni de las responsabilidades familiares que ya asumí.
- Me esforzaré para entender la información que me den mis sentimientos.
- Por la gracia de Dios, sanaré las heridas de mi niñez, romperé el ciclo y tomaré el control de mi vida.

_____ (firma)
_____ (fecha)

8

CÓMO HACER DUELO POR LO QUE DEBERÍA HABER SIDO

ESTABA «BIEN» ANTES DE DESCUBRIR que había sido abandonado emocionalmente. Una vez que mi consejera me ayudó a enfrentar la verdad, todo eso cambió. El dolor me golpeó sin piedad.

duelo, *sustantivo*
sentimiento doloroso que ocasiona la muerte de alguien
período de tiempo durante el cual se lamenta la muerte
de alguien
sentimiento doloroso que ocasiona la pérdida de algo
importante
período de dolor que culmina con la aceptación de la
pérdida de algo importante[1]

En este capítulo, quiero ayudarte a entender el dolor y, luego, quiero ayudarte a hacer duelo.

Te quitaron algo. No tuviste la niñez que esperabas, merecías y deberías haber tenido. Sufriste. Sientes la pérdida profundamente. Esto es dolor.

Ahora que enfrentaste la verdad, necesitas hacer duelo por lo que salió mal. Hacer duelo es lo opuesto a la negación. Si la negación es tratar de olvidar, el duelo es tratar de recordar. La negación acumula el dolor; el duelo lo deja salir.

Durante mis ocho sesiones de consejería, le escribí a mi esposa lo siguiente: «Patsy, la consejería y la lectura me están ayudando a aceptar quién soy, a dolerme por el "ideal" que nunca fue y a preparar el camino para ser un mejor esposo, padre y amigo. Sí, me siento triste, pero también inmensamente gozoso por aprender lo que estoy aprendiendo: como dice mi consejera, no soy responsable por lo que me sucedió».

Como yo, tú tampoco eres responsable por algunas características que tienes. No te merecías tus heridas de la niñez. No eres responsable por lo que te sucedió cuando eras niño. No es tu culpa. No obstante, ahora que eres un hombre, *eres* responsable por lo que suceda en el futuro.

Sin embargo, el cuidarse a uno mismo es lo más importante. Si te ocupas en tu sanidad primero, el proceso de sanar las relaciones puede ser un acto de gozo a partir de la fortaleza ganada en lugar de simplemente un ejercicio de autodisciplina. Es el principio que dice que te pongas la máscara de oxígeno primero antes de ayudar a los demás; como las instrucciones de seguridad antes del despegue en la mayoría de los vuelos.

En este capítulo, tienes que hacer una cosa sola: dejar salir tu dolor. No hay una sola forma correcta de hacer duelo, pero una buena forma incluye saber qué esperar, derramar el corazón ante Dios, hablar con alguien en quien confías y, por supuesto, llorar todo lo que necesites.

SABER QUÉ ESPERAR

El dolor y el dolerse están en el ADN de la experiencia humana. Sin embargo, dolerse por las heridas causadas por la madre o el padre está en otro nivel.

Las etapas o fases de hacer duelo que incluyen: ira, tristeza, cambios de humor, arrebatos de ira, introversión, lágrimas, depresión, negociación y aceptación no se pueden representar mediante un gráfico. De hecho, a veces sentirás muchas de estas emociones al mismo tiempo. Todo duele.

Es de esperar que el dolor venga en olas impredecibles; a veces como suaves ondas, a veces, como una ola lo suficientemente grande como para inundar tu barco y, a veces, como una gran e inesperada pared de agua que te convierte en un desastre.

Por ejemplo, cuando empecé mi carrera profesional, muchos de los jóvenes con quienes pasaba tiempo ya se conocían de la universidad. Habían construido relaciones profundas. Mientras yo estaba desorientado, ellos parecían entender de qué se trataba todo. Sus padres los habían preparado para su carrera profesional y les habían abierto las puertas para que triunfaran. A menudo, cuando los veía interactuar, una ola de dolor me llenaba de tristeza por lo que no había tenido.

O tomemos como ejemplo el tsunami de dolor que sobrecogió a un amigo mío cuyo padre, aunque era amoroso, dejó que el alcohol arruinara su familia:

Cuando mi papá falleció, tuve muchos sentimientos complejos por su muerte, pero también tenía mucho *que hacer* para el funeral, sus finanzas, etcétera; todo esto añadido al hecho de que tenía que cuidar de mis propios hijos, el que ya estaba y el que venía en camino. Esto me mantuvo ocupado y no me dejó mucho tiempo para hacer duelo. El día del funeral, durante los arreglos, estaba saliendo del baño cuando escuché al pianista practicar una canción que mi papá solía tocar. Quedé helado. Todo el peso del mundo me cayó encima. Estaba parado fuera de la puerta del baño, en una esquina, y me largué a llorar; lloré por lo que fue, por lo que pudo haber sido, por lo que debería haber sido y por todo lo que pasó en el medio.

La buena noticia es que con el paso del tiempo el dolor se achica. Así como tu cuerpo puede restaurar un hueso quebrado con atención médica adecuada, también tu alma restaurará el corazón quebrantado con el tiempo y a medida que pones en práctica el proceso de sanidad de la Biblia. No hay necesidad de apurarse, pero tampoco hay razón para posponerlo. Cuánto antes hagas duelo, antes sanarás.

DERRAMA TU CORAZÓN ANTE DIOS

El fundamento de este libro es que la Biblia prescribe un proceso para la sanidad de las heridas de la niñez que estuvo en uso constante y ha sido exitoso durante miles de años. Sin duda, la Biblia no endulza la verdad de que los padres son los responsables por las heridas de la niñez.

Las Escrituras están llenas de dolor y de duelo:

- Isaac y Rebeca se amargaron por las decisiones de su hijo Esaú (ver Génesis 26:35).
- Jacob hizo duelo por la desaparición de su hijo José (ver Génesis 37:34-35).
- Judá hizo luto por la muerte de su esposa (ver Génesis 38:12).
- Ana sentía un profundo dolor porque no podía tener un hijo (ver 1 Samuel 1:15-16).
- Job se dolió por causa de su sufrimiento físico (ver Job 2:12-13).
- Joel se lamentó cuando se perdieron las cosechas (ver Joel 1:10-12).
- David lloró cuando fue tratado como un criminal (ver 2 Samuel 15:30).
- Jesús conoció el sufrimiento y fue varón de dolores (ver Isaías 53:3).

La Biblia no solo describe el dolor; también provee un mapa de ruta sobre cómo hacer duelo; es como Google mapas para tu alma.

Tomemos como ejemplo a Nehemías. Cuando Nehemías escuchó que los muros de Jerusalén habían sido derribados, estuvo de duelo. Miremos lo que sucedió a continuación:

> Cuando oí esto, me senté a llorar. De hecho, durante varios días estuve de duelo, ayuné y oré al Dios del cielo.
>
> NEHEMÍAS 1:4

Nehemías pinta un hermoso cuadro del duelo. En lugar de enfrentar el dolor solo, derramó su corazón ante el Dios del cielo. A través de la oración y la meditación en las Escrituras, nosotros también podemos derramar el corazón ante Dios. De hecho, con la advertencia de que lo que estoy a punto de decir debe ser *experimentado* y no solo explicado, la lectura atenta y devota de la Biblia liberará poder sobrenatural en todos los aspectos de tu vida, incluso en el proceso de duelo.

TÓMATE UN TIEMPO PARA REFLEXIONAR

El famoso piloto de prueba de los aviones Boeing, Tex Johnston, tenía una placa en la pared de su oficina que decía: «Una prueba vale más que millones de opiniones». Ahora es tiempo de que pruebes por ti mismo lo que el duelo puede hacer.

Busca un lugar tranquilo sin distracciones donde estar por lo menos por un mínimo de treinta minutos. Ora las siguientes oraciones bíblicas de los Salmos, las cuales a menudo fueron escritas en momentos de sufrimiento, pena e, incluso, desesperación.

Léelas lentamente en voz alta. Tómate un tiempo para meditar sobre cada sentimiento expresado. Resalta, subraya o encierra en un círculo las palabras o frases que te hablen. Si tu mente comienza a vagar, déjala. Nunca se sabe las aguas de sanidad que Dios puede tener para ti al final de un vericueto.

Una vez que hayas terminado cada oración, tómate un tiempo para trabajar las preguntas de reflexión. Hacerlo te ayudará a conectarte auténticamente con Dios en formas que no se pueden explicar, solo experimentar.

Oh Señor, ¿hasta cuándo te olvidarás de mí? ¿Será para
siempre?
¿Hasta cuándo mirarás hacia otro lado?
¿Hasta cuándo tendré que luchar con angustia en mi alma,

con tristeza en mi corazón día tras día?
¿Hasta cuándo mi enemigo seguirá
    dominándome?

Vuélvete hacia mí y contéstame, ¡oh SEÑOR mi Dios!
    Devuélvele el brillo a mis ojos, o moriré.
No permitas que mis enemigos se regodeen
    diciendo: «¡Lo hemos derrotado!».
No dejes que se regodeen en mi caída.

Pero yo confío en tu amor inagotable;
    me alegraré porque me has rescatado.
Cantaré al SEÑOR
    porque él es bueno conmigo.

SALMO 13

Reflexiona: ¿Cómo se sentía el escritor cuando escribió esta oración? ¿Qué le estaba pidiendo a Dios? ¿Hasta qué punto captura y expresa cómo te sientes?

¡Levántate, oh SEÑOR!
    ¡Castiga a los malvados, oh Dios!
    ¡No te olvides de los indefensos!
¿Por qué los malvados desprecian a Dios y
    quedan impunes?
    Piensan: «Dios nunca nos pedirá cuentas».
Pero tú ves los problemas y el dolor que causan;
    lo tomas en cuenta y los castigas.
Los indefensos depositan su confianza en ti;
    tú defiendes a los huérfanos.

¡Quiébrale los brazos a esta gente malvada y perversa!
    Persíguelos hasta destruir al último de ellos.
¡El Señor es rey por siempre y para siempre!
    Las naciones paganas desaparecerán de la tierra.
Señor, tú conoces las esperanzas de los indefensos;
    ciertamente escucharás sus clamores y los consolarás.
Harás justicia a los huérfanos y a los oprimidos,
    para que ya no los aterre un simple mortal.
SALMO 10:12-18

Reflexiona: ¿Esta oración describe de alguna manera la angustia y el dolor que sentiste cuando escribiste «La verdad que necesito enfrentar»?

Entonces me di cuenta de que mi corazón se llenó de
        amargura,
    y yo estaba destrozado por dentro.
Fui tan necio e ignorante;
    debo haberte parecido un animal sin
        entendimiento.
Sin embargo, todavía te pertenezco;
    me tomas de la mano derecha.
Me guías con tu consejo
    y me conduces a un destino glorioso.
¿A quién tengo en el cielo sino a ti?
    Te deseo más que cualquier cosa en la tierra.
Puede fallarme la salud y debilitarse mi espíritu,
    pero Dios sigue siendo la fuerza de mi corazón;
        él es mío para siempre.

Los que lo abandonen, perecerán,
porque tú destruyes a los que se alejan de ti.
En cuanto a mí, ¡qué bueno es estar cerca de Dios!
Hice al SEÑOR Soberano mi refugio,
y a todos les contaré las maravillas que haces.

SALMO 73:21-28

Reflexiona: ¿Qué esperanza expresa el escritor en esta oración? ¿Sientes la misma esperanza? ¿Hacer esta oración liberó algo de la presión que tenías acumulada en tu interior?

HABLA CON ALGUIEN EN QUIEN CONFÍAS

En mi ministerio, escucho a muchos hombres en conversaciones individuales. Cuando los hombres se sienten estancados, siempre les pregunto si tienen un amigo o un grupo pequeño con quien compartir lo que está sucediendo en realidad. No puedo recordar ni una sola ocasión en que uno de estos hombres dolidos haya respondido que sí.

En su libro *Walden* (Walden), Henry David Thoreau escribió: «La mayoría de los hombres viven vidas de desesperación silenciosa». El aislamiento magnifica esa desesperación. La soledad nos hace especialmente vulnerables a las voces en nuestra cabeza que vomitan nuestra vergüenza, falsa culpa, odio e inferioridad.

Si este es tu caso, ¿quién puede culparte por reprimir todo eso? En mi caso sé que sentí, y todavía siento, vergüenza por algunas de mis emociones. No obstante, para sanar en realidad necesitaba compartir con alguien aquello por lo cual estaba pasando; lo mismo se aplica a ti.

Compartir nuestras emociones mientras estamos de duelo es una parte normal, indispensable del proceso de sanidad. Cualquiera sea la cosa que se está revolviendo en tu interior, compártela con tu esposa o compañera, tu mejor amigo, miembro de tu familia, grupo pequeño o, dependiendo de la profundidad de las heridas, con un consejero.

IMITA A NEHEMÍAS

Te invito a que tan pronto como sea posible, separes un tiempo libre de interrupciones y distracciones para que imites a Nehemías. Lee de nuevo tus notas de la «La verdad que necesito enfrentar», reflexiona sobre lo que sucedió cuando le contaste a alguien en quien confías y ora las oraciones de los Salmos. Derrama a Dios todos tus pensamientos y sentimientos y clama que sane tus heridas.

No huyas si sientes la necesidad o el deseo de llorar, sollozar, gemir, quejarte, aullar, lamentarte, romper en llanto, malhumorarte, maldecir el día en que naciste, darle un puñetazo a la mesa o retirarte del mundo por un poco de tiempo.

Sin embargo, no necesitas forzar ni fabricar las emociones si no están listas para manifestarse. No hay una fórmula para esto. No obstante, sea que suceda ahora o después, cuando sea que la ola de dolor *realmente* caiga sobre ti, y en la forma que sea, deja que te golpee. Esa es tu única tarea para esta etapa de sanidad.

ESCRIBE TU PROPIA ORACIÓN

Finalmente, expresa tus dolores a Dios escribiendo tu propia oración para poner fin al aluvión de dolor con el cual estuviste viviendo.

No hay una forma correcta o incorrecta para hacer duelo. Tu oración no tiene que ser perfecta, ni la última que escribas. Pero como dice el dicho, un viaje de mil kilómetros comienza con el primer paso.

Puedes ser crudo en tu oración; es más, *deberías* ser crudo. Dile honestamente a Dios por escrito cómo te sientes; incluso si eso incluye que estás enojado con él por permitir que te hirieran. Pídele ayuda para sanar.

_____

A esto se parece afligirse y hacer duelo por lo que debería haber sido. Cuando sacamos el dolor afuera desocupamos el lugar para que la sanidad entre. En un sentido es como el acto de exhalar. En el próximo capítulo, nos enfocaremos en inhalar.

REFLEXIÓN Y DISCUSIÓN

1. ¿Cuál fue tu punto de dolor más grande cuando pensaste sobre las heridas de tu niñez?

2. ¿De qué forma sentiste la presencia de Dios mientras te dolías por las notas de «La verdad que necesito enfrentar» y orabas los Salmos?

3. ¿Cuál es el punto principal de la oración que escribiste? ¿Por qué?

4. ¿Cuán liberado te sientes de tu dolor ahora? ¿Cómo le explicarías eso a un amigo?

9

CÓMO ENCONTRAR DESCANSO PARA TU ALMA

SI EL ORDEN FRATERNAL de los niños quebrantados hiciera una convención y un extraño entrara, llegaría a la siguiente conclusión: «Este es el grupo más diverso de hombres que alguna vez se haya reunido en un lugar».

Somos débiles y fuertes, ricos y pobres, heterosexuales y homosexuales, conservadores y liberales, líderes y seguidores, introvertidos y extrovertidos y de todos los colores de piel. Somos fuertes en la fe, débiles en la fe, algunos perdieron la fe y otros no tienen fe. Ninguna categoría de hombres es inmune a las heridas de la niñez.

No obstante, si ese mismo extraño pudiera ver los restos de dolor que cada uno carga en el alma, entonces diría: «Guau, nunca antes vi un grupo de hombres que fueran más similares».

Evaluemos hasta dónde llegaste en el proceso de sanidad hasta ahora. Enfrentaste la verdad. Ya no estás en negación. Hiciste duelo por lo que te quitaron. ¿Cuál es el próximo paso?

¿Sabías que todos los programas exitosos de recuperación abordan las necesidades espirituales? El padre de todos los programas, Alcohólicos Anónimos (AA), es el estándar de oro aceptado universalmente por los programas de recuperación; también es fácil de aplicar a la sanidad de las heridas de la niñez. AA es famoso por crear el programa de los doce pasos. Ten en cuenta que mencionan a Dios en la mitad de los pasos:

1. Admitimos que éramos impotentes frente al alcohol; que nuestras vidas se habían vuelto ingobernables.

2. Llegamos a creer que un Poder Superior a nosotros mismos podría devolvernos el sano juicio.

3. Decidimos poner nuestras voluntades y nuestras vidas al cuidado de Dios, como nosotros lo concebimos.

4. Sin miedo hicimos un minucioso inventario moral de nosotros mismos.

5. Admitimos ante Dios, ante nosotros mismos y ante otro ser humano la naturaleza exacta de nuestros defectos.

6. Estuvimos enteramente dispuestos a dejar que Dios nos librase de todos estos defectos de carácter.

7. Con humildad le pedimos que nos librase de nuestros defectos.

8. Hicimos una lista de todas aquellas personas a quienes habíamos ofendido y estuvimos dispuestos a reparar el daño que les causamos.

9. Reparamos directamente a cuantos nos fue posible el daño causado, excepto cuando el hacerlo implicaba perjuicio para ellos o para otros.

10. Continuamos haciendo nuestro inventario personal y cuando nos equivocábamos lo admitíamos de inmediato.

11. Buscamos a través de la oración y la meditación mejorar nuestro contacto consciente con Dios, como nosotros lo concebimos, pidiéndole que nos dejase conocer su voluntad para con nosotros y nos diese la fortaleza de cumplirla.

12. Habiendo obtenido un despertar espiritual como resultado de estos pasos, tratamos de llevar este mensaje a los alcohólicos y de practicar estos principios en todos nuestros asuntos[1].

El texto básico de Alcohólicos Anónimos dice: «¡Recuerda que tratamos con el alcohol; astuto, desconcertante, poderoso! Sin ayuda es demasiado para nosotros. No obstante, hay Alguien que es todopoderoso; ese Alguien es Dios. ¡Deseo que lo encuentres ahora!»[2].

Las heridas de la niñez son tan astutas, desconcertantes y poderosas como el alcohol. Así como AA y todos los otros programas exitosos de recuperación incluyen buscar la ayuda de Dios, nosotros también debemos hacerlo. Permíteme darte una ilustración mediante la explicación de cómo Dios me ayudó a mí.

MI REGRESO A LA CORDURA

Cuando tenía un poco más de veinte años, comencé a buscar descanso para mi alma. En aquella época no entendía por completo lo que estaba buscando. Intenté con la religión, la poesía, la educación, el amor, la amistad, la autodisciplina, los libros de autoayuda, el teatro, los deportes, las fraternidades y muchas cosas más; todo me dejó vacío.

Luego conocí a Patsy. Ella tenía algo diferente. Tenía la paz que estaba buscando. Patsy quería casarse con un cristiano. Cuando me explicó su fe, malentendí lo que intentó decir. Para ser sincero, pensaba que yo ya era cristiano dado el hecho de que había crecido yendo a la iglesia. Pero, a decir verdad, solo conocía lo suficiente de Jesús como para estar decepcionado de él.

Cuando respondía las preguntas de Patsy sobre mi fe, podía notar que mis respuestas eran erradas. Al poco tiempo, dejé de responder de manera directa y, en lugar de eso, le respondía con preguntas para descubrir qué era lo que ella esperaba que respondiera. Entonces, le decía lo que ella quería escuchar. Es justo decir que la engañé para que pensara que compartía su manera de pensar. La amaba y quería pasar mi vida con ella.

Sin embargo, pocas semanas después de nuestra boda, salió a la luz el hecho de que necesitábamos resolver la ambigüedad sobre lo que significaba ser cristiano. Yo estaba comprometido a seguir un grupo de valores cristianos y consideraba la fe como una *tarea*. Ella, por otro lado, estaba comprometida con una persona, Jesús, y entendía la fe como una *relación*.

Una mañana, desesperado por entender la diferencia, fuimos a una iglesia con mi esposa. Unos hombres nos dieron la bienvenida y fueron respetuosos de nuestro espacio y tiempo. Era obvio que estos hombres habían pensado en respuestas a preguntas como: «Cuando un hombre joven trae a su flamante esposa a la iglesia, ¿por qué lo hace? ¿Qué problema está tratando de solucionar? ¿Qué necesita de nosotros? ¿Cómo podemos darle lo que necesita?», es decir, estaban preparados.

Ese pequeño grupo de hombres me aceptó como era. Me invitaron a almorzar. Nos invitaron a mi esposa y a mí a cenar. El pastor habló sobre lo mucho que nos ama Dios. Me invitaron a eventos para varones donde los hombres compartían su historia de fe. Eran hombres que no violaban el proceso de las relaciones. No forzaban la situación. No me juzgaban. No obstante, me mostraron con ejemplo el amor de Jesús. Esos hombres tenían lo que yo quería, y para mí fue irresistible.

Finalmente, entendí la diferencia: la fe no es una tarea que realizamos para hacer feliz a Dios, sino una relación con una persona. Acepté tener una relación con Jesús, y mi vida fue transformada. Algunos cambios fueron instantáneos, otros todavía están en progreso. No obstante, desde que tomé esa decisión, tuve descanso para mi alma. De hecho, muchas décadas después, puedo decir con sinceridad que mi peor día con Jesús ha sido, sin lugar a dudas, mejor que mi mejor día sin él.

¿Ya encontraste esa clase de descanso? O ¿todavía lo estás buscando? Puedes experimentar un sentido profundo de satisfacción y paz que no dependan de tus circunstancias. Déjame mostrarte cómo.

ENCONTRAR DESCANSO EN UNA RELACIÓN

Cuando en nuestro país tenemos un problema, tendemos a preguntar: «¿Cómo puedo solucionarlo?». Me dijeron que en Asia tienden a hacer una pregunta diferente: «¿Qué relaciones debemos establecer para solucionar este problema?».

Puedes abordar las heridas de tu niñez poniendo el énfasis en *cómo solucionar el problema*, pero quizás sea más provechoso poner el énfasis en *las relaciones que debes procurar* para solucionar el problema.

Lo que todos queremos en la vida más que cualquier otra cosa es esa persona única, y no necesitamos más de una, que aun conociendo todas nuestras partes quebrantadas, nos adore y piense que somos extraordinarios. Eso es todo lo que necesitas.

Es hermoso lo que se siente cuando, sin temor a ser juzgado, puedes compartir abiertamente lo que te pasó con alguien a quien le interesas en realidad. Es hermoso ser aceptado y amado, a pesar de tus heridas. Como dijo el filósofo Simone Weil: «La atención es la forma de generosidad más rara y pura».

Jesús puede ser esa persona para ti, como le es para mí. Puede tratarte de manera amable porque él, también, sufrió y entiende nuestras debilidades:

Fue despreciado y rechazado:
hombre de dolores, conocedor del dolor más profundo.
ISAÍAS 53:3

Y puede tratar con paciencia a los ignorantes y
descarriados, porque él también está sujeto a las mismas
debilidades.
HEBREOS 5:2

Nuestro Sumo Sacerdote comprende nuestras debilidades,
porque enfrentó todas y cada una de las pruebas que
enfrentamos nosotros, sin embargo, él nunca pecó.
HEBREOS 4:15

Jesús fue la encarnación de Dios en un cuerpo humano para que pudiéramos comprenderlo mejor:

Cristo es la imagen visible del Dios invisible.

COLOSENSES 1:15

Pues en Cristo habita toda la plenitud de Dios en un cuerpo humano.

COLOSENSES 2:9

El Hijo irradia la gloria de Dios y expresa el carácter mismo de Dios.

HEBREOS 1:3

Jesús respondió: [...] ¡Los que me han visto a mí han visto al Padre!

JUAN 14:9

Como el Hijo de Dios, Jesús nos invita a todos a venir a él y a encontrar descanso para nuestra alma:

Cuando vio a las multitudes, les tuvo compasión, porque estaban confundidas y desamparadas, como ovejas sin pastor.

MATEO 9:36

Luego dijo Jesús: «Vengan a mí todos los que están cansados y llevan cargas pesadas, y yo les daré descanso. Pónganse mi yugo. Déjenme enseñarles, porque yo soy humilde y tierno de corazón, y encontrarán descanso para el alma. Pues mi yugo es fácil de llevar y la carga que les doy es liviana».

MATEO 11:28-30

Yo los he amado a ustedes tanto como el Padre me ha amado a mí. Permanezcan en mi amor.

JUAN 15:9

LO QUE DIOS SIENTE POR TI

Soy maestro bíblico de corazón. Pasé décadas preparando un archivo de notas que utilizo para preparar los mensajes para los hombres de nuestro estudio bíblico semanal. A una sección de esas notas de versículos de la Biblia la llamo: «Cómo ve Dios a mis hombres». Dios te ve plenamente, te conoce completamente y te ama personalmente. Más que eso, Dios *desea* traerte sanidad:

Pues el Señor no abandona
a nadie para siempre.
Aunque trae dolor, también muestra compasión
debido a la grandeza de su amor inagotable.
Pues él no se complace en herir a la gente
o en causarles dolor.

LAMENTACIONES 3:31-33

No aplastará a la caña más débil,
ni apagará una vela que titila.

ISAÍAS 42:3

Sin embargo, queridos amigos, hay algo que no deben olvidar: para el Señor, un día es como mil años y mil años son como un día. En realidad, no es que el Señor sea lento para cumplir su promesa, como algunos piensan.

Al contrario, es paciente por amor a ustedes. No quiere
que nadie sea destruido; quiere que todos se arrepientan.
2 PEDRO 3:8-9

Esto es bueno y le agrada a Dios nuestro Salvador, quien
quiere que todos se salven y lleguen a conocer la verdad.
1 TIMOTEO 2:3-4

No quiero que mueras, dice el SEÑOR Soberano. ¡Cambia
de rumbo y vive!
EZEQUIEL 18:32

De la misma manera, no es la voluntad de mi Padre
celestial que ni siquiera uno de estos pequeñitos perezca.
MATEO 18:14

Jesús es seguro. Puedes bajar la guardia por completo y relajarte
enteramente. Jesús te salvará del peso aplastante de las heridas de
tu niñez.

La nota más importante del archivo que uso para preparar mis
mensajes es esta: *¿Qué idea, completamente entendida y verdadera-
mente creída, cambiaría todo?*

Para los niños quebrantados, la gran idea es que la relación con
Jesús puede darte el descanso para tu alma que ni todo el esfuerzo
humano del mundo podría proveerte alguna vez.

Quizás la relación con Jesús sea algo nuevo para ti o, tal vez, ya
hiciste una profesión de fe en él cuando eras más joven. Quizás tu
fe sea fuerte o, tal vez, te apartaste. En cualquier caso, si te gusta
esta idea y quieres confirmar, reafirmar o renovar tu relación con
Jesús, a continuación, encontrarás una oración que puedes recitar

para expresar tu deseo. Puedes orar en silencio o en voz alta, también puedes adaptarla con tus propias palabras. Lo más importante es el deseo de tu corazón:

Jesús, me siento cansado, agotado, quebrantado, dañado, frágil, acosado e indefenso. Mi alma clama por descanso. Ten compasión de mí. Como un acto de fe, aun cuando sea pequeña, incluso si todavía tengo muchas dudas, vengo a ti por descanso. Escojo someterme a ti y aprender de ti. Por favor, perdona mis pecados. Deseo tener una relación contigo tanto como mi Salvador como mi Señor. Por favor, sé la relación que sane las heridas de mi niñez. Toma el control y concédeme descanso para mi alma, tanto para esta vida como para la eternidad. Amén.

Si hiciste esta oración, bienvenido (o bienvenido de nuevo) al reino de Cristo. Responde las preguntas de reflexión y discusión y veamos cómo puedes empezar a perdonar a tus padres.

REFLEXIÓN Y DISCUSIÓN

1. ¿Cuál es el pensamiento, entendimiento o epifanía más impactante que tuviste cuando leíste los «Doce Pasos de AA» (ver páginas 106–107)?

2. ¿Cómo entiendes la fe cristiana, como una tarea y un compromiso con un conjunto de valores o como una relación con Jesús?

3. ¿Oraste para confirmar o reafirmar tu fe? Si lo hiciste, ¿tienes paz en tu alma? Explica tu respuesta. Si no lo hiciste, ¿con quién podrías hablar acerca de tus reservas?

10

CÓMO PERDONAR
A TUS PADRES

UN DÍA DE ACCIÓN DE GRACIAS cuando recién nos casamos, mi esposa y yo fuimos a la casa de mis padres a celebrar el hecho de que mi hermano había regresado a salvo de la guerra. Mis tres hermanos, mi mamá y mi papá, mi esposa y yo no sentamos juntos a cenar por primera vez después de mucho tiempo.

La tradición con la crecimos era orar antes de comer: «Dios es bueno, Dios es grande, y le damos gracias por estos alimentos. Amén». Era una oración que hacíamos de memoria; sincera, pero a menudo la decíamos apurados.

En aquel día de acción de gracias en particular, papá recitó la bendición. En lugar de repetir la oración acostumbrada, inclinó la cabeza y dijo con reverencia: «Amado Dios, Mamá y yo simplemente queremos comenzar diciéndote: Gracias...». Eso fue todo lo que alcanzó a decir. Comenzó a jadear y a llorar, se disculpó y corrió hacia su habitación.

Lo seguí y le pregunté:

—Papá, ¿estás bien? ¿Qué pasó?

Después de recuperar la compostura, me respondió:

—Estoy bien. Es solo que tu madre y yo pensamos que nunca volveríamos a ver de nuevo a nuestros cuatro muchachos reunidos en la misma habitación.

Algo se ablandó dentro de mí ese día, y debido a que había sentido que Dios me había perdonado mis pecados gratuitamente, en silencio perdoné a mis padres por sus pecados. Nunca más volví a sentir la necesidad de hablar de nuevo sobre la forma en que me habían herido.

Quizás esta experiencia no sea la misma para ti. Si de manera regular estás siendo asaltado por sentimientos negativos hacia tus padres, tal como resentimiento o amargura, tal vez, necesitas tener una conversación difícil con ellos antes de seguir con tu proceso de sanidad.

Te guiaré respecto a cómo podría desarrollarse esa conversación en los capítulos 12 y 13: «Cómo reconstruir tus relaciones (o establecer límites)». No obstante, para que esa conversación tenga la mayor probabilidad de éxito, primero debes perdonarlos de manera incondicional.

Por ejemplo, el padre de Mike soñaba con tener un hijo que algún día jugara fútbol. Ese sueño se hizo añicos cuando Mike nació sin la punta de algunos dedos. Cuando Mike cumplió dieciséis años, su papá le dijo: «El día que naciste fue el peor día de mi vida». El daño fue hecho; su padre nunca mostró arrepentimiento de su comentario. Cuando Mike me contó su historia durante una cena, me dijo que todavía le dolía cuando pensaba en eso a pesar de los años que habían pasado, pero el dolor ya no se apoderaba de él como solía hacerlo. Mike escogió perdonar a su padre, eso lo liberó de ser esclavo de sus pecados.

A simple vista, esta propuesta podría parecer demasiado simplista o, incluso, imposible, pero déjame explicarte.

LA VISIÓN MÁS AMPLIA

Nadie puede cambiar lo que sucedió. Nuestros padres son responsables por habernos herido, sea que lo hayan hecho a sabiendas o no.

Muchas veces me pregunté: *¿Por qué no me rescataron mis padres?* Creo que la respuesta más sencilla es que no sabían cómo hacerlo. Esta es una razón más por la que pienso que mi padre y mi madre desearían que trabaje contigo sobre las experiencias de nuestra familia. Lo que les sucedió a sus cuatro muchachos nunca debería haber pasado.

Quizás tus padres están vivos; tal vez no. Quizás tengas una buena relación con ellos; tal vez no. Quizás tu relación con ellos es civilizada; tal vez no. Cualquiera sea la relación que tienes con tus padres, la verdad que quizás no quieras ver es el perdón.

Perdonar no es descartar lo que te hicieron ni pretender que nunca te hirieron. Después de todo, no habría necesidad de perdón a menos que alguien haya hecho algo malo.

Perdonar es tomar una decisión consciente de dejarles pasar el agravio a tus padres sin tomar medidas de castigo a pesar de lo que hicieron. Es un acto de gracia, no porque lo merezcan. Y es algo esencial para que puedas salir de la esclavitud mental que sientes.

No estás escondiendo los pecados de tus padres ni tampoco estás diciendo que con el perdón es suficiente para borrar los años de dolor. Sin embargo, si no hay perdón, el futuro de tu relación con tus padres no será diferente a lo que fue hasta ahora.

LA SINGULARIDAD DEL PERDÓN BÍBLICO

Un día Jesús explicó cómo lidiar con el pecado, después de lo cual el apóstol Pedro le preguntó: «Señor, ¿cuántas veces debo perdonar a alguien que peca contra mí? ¿Siete veces?» (Mateo 18:21).

Lo que hace que la pregunta de Pedro sea tan interesante es que los rabinos de la época esperaban que se perdonara a una persona por el mismo pecado hasta tres veces. Después de eso, no tenías ninguna obligación de volver a perdonarla. Era la ley original de los tres errores.

No obstante, la respuesta para Pedro fue diferente: «No siete veces —respondió Jesús—, sino setenta veces siete» (Mateo 18:22).

Jesús no solo le estaba diciendo a la gente que contara más veces. Por el contrario, estaba usando una hipérbole con el propósito de abolir definitivamente la regla de los «tres errores y estás fuera del juego». ¿La regla de Jesús? No importa con cuanta frecuencia alguien peca contra nosotros, debemos perdonarlo.

Tengamos en cuenta que Pedro no preguntó: «Cuando alguien venga a ti, se arrodille, confiese su pecado, te diga cuánto lo siente y te ruegue que lo perdones, ¿cuántas veces debo perdonarlo?» ni Jesús respondió que en ese caso debían perdonar setenta veces siete.

Jesús enseña el perdón *unilateral*. Debemos perdonar a las personas cuando pecan contra nosotros; sea que estén arrepentidas o no y sea que hayan pedido ser perdonadas o no.

En el sermón del monte, Jesús enseñó a orar a sus discípulos:

Padre nuestro que estás en el cielo,
  que sea siempre santo tu nombre.
Que tu reino venga pronto.
Que se cumpla tu voluntad en la tierra
  como se cumple en el cielo.
Danos hoy el alimento que necesitamos,
y perdónanos nuestros pecados,
    así como hemos perdonado a los que pecan
      contra nosotros.
No permitas que cedamos ante la tentación,
  sino rescátanos del maligno.

MATEO 6:9-13

De todos los pensamientos sublimes comprimidos en lo que llamamos el Padrenuestro, ten en cuenta que la primera idea que Jesús expandió es el perdón:

Si perdonas a los que pecan contra ti, tu Padre celestial te perdonará a ti; pero si te niegas a perdonar a los demás, tu Padre no perdonará tus pecados.

MATEO 6:14-15

Jesús *no* enseña que es necesaria una disculpa. Enseña que debemos perdonar a pesar de eso.

Quizás estás enojado, con rencor, lleno de resentimiento, ardiendo en amargura porque tus padres te hicieron daño. Cuando te rehúsas a perdonarlos, tu comunión con Dios se rompe. Jesús es claro: si no perdonas a tus padres, tu Padre que está en el cielo no te perdonará a ti.

Ten en cuenta que todavía no hemos hablado de la reconciliación. El perdón y la reconciliación están relacionados, pero son dos cosas diferentes. Por ejemplo, una disculpa, por lo general, *es* necesaria para que experimentes una reconciliación genuina (más sobre esto en los capítulos 12 y 13).

La singularidad del perdón bíblico es que incluso cuando tus padres no lo merezcan, no estén vivos o no muestren ninguna clase de arrepentimiento, aun así puedes perdonarlos.

PERDONARLOS TE SANA

¿Por qué el perdón es tan importante? Porque cuando no perdonas, eres el que más sufre. La falta de perdón acumulada es como una herida supurante que se infecta cuando no se la trata.

Nelson Mandela, quien soportó la segregación social y quien al final se convirtió en presidente de Sudáfrica, recalcó: «El resentimiento es como beber veneno y esperar que mate a tus enemigos».

Hasta que perdones, seguirás sufriendo.

El perdón libera *tu* mente, corazón, alma y espíritu de la esclavitud.

Jesús es nuestro modelo a seguir

La esencia del mensaje de Cristo es que, gracias a su amor, todos podemos ser perdonados a pesar de lo que hayamos hecho.

Jesús no vino a perdonar y a salvar solo «a la gente buena». Por el contrario, Marcos 2:17 establece: «Cuando Jesús los oyó, les dijo: "La gente sana no necesita médico, los enfermos sí. No he venido a llamar a los que se creen justos, sino a los que saben que son pecadores"».

Esto es algo bueno también para nosotros porque todos estamos incluidos en el grupo de los enfermos. Seamos sinceros, tú y yo cometimos errores y nunca podríamos ganar o merecer el perdón de Jesús. Todos hicimos cosas que parecen imperdonables. Sin embargo, Jesús nos ofrece perdón gratuitamente; sin pago ni costo.

Lo mismo se aplica para tus padres. Sin lugar a dudas, tus padres también son de los que cometieron errores. No obstante, gracias al amor de Dios por ellos, más allá de lo que hicieron, también pueden ser perdonados.

Perdonar a tus padres

Dios no exigió que lo amaras primero para luego extenderte su perdón. «Dios mostró el gran amor que nos tiene al enviar a Cristo a morir por nosotros cuando todavía éramos pecadores» (Romanos 5:8).

De la misma manera, no necesitas que tus padres te amen para que puedas extenderles tu perdón. Podemos perdonar a nuestros padres, aunque no lo merezcan, porque Dios nos perdona aun cuando no lo merecemos.

En resumidas cuentas: Dios ama a tus padres tanto como te ama a ti. No importa lo que ellos hayan hecho, puedes y debes perdonarlos en este mismo momento unilateralmente. Sin tener en cuenta si están arrepentidos o no. Perdonar a tus padres mejorará tu vida, no la empeorará.

Se cuenta que Mark Twain siempre decía: «El perdón es el perfume que la violeta derrama en los talones que la aplastaron». ¿No hablaría muy bien de ti a los demás si fueras conocido como alguien que perdona con facilidad?

«NO SÉ CÓMO»

El padre de Reggie estuvo ausente toda su infancia. Cuando Reggie tenía cuarenta años, su padre se dio cuenta de lo mal que se había portado y se disculpó. Le preguntó a Reggie:

—¿Puedes perdonarme?

Reggie le respondió con sinceridad:

—No sé cómo.

¿Te sientes identificado con la incertidumbre de Reggie? La buena noticia es que no es tan complicado como parece. Puedes perdonar a tus padres por fe, como un acto de tu voluntad.

El perdón es un acto de la voluntad, no es emocional. Puedes perdonar en tu mente por fe y, luego, darle tiempo a tus emociones para que se pongan al día. Puede llevarles días, meses o, incluso, años a tus emociones ponerse al día. Analizaremos esto más en profundidad.

En esta instancia, sin embargo, el perdón es algo entre tú y Dios, no entre tú y tus padres. Puedes decirle a Dios que perdonas a tus padres, orando estas palabras o algunas similares:

Dios, gracias por ayudarme a enfrentar la verdad, a salir de la negación, a hacer duelo por lo que podría haber sido. Ahora, por fe, como un acto de mi voluntad, perdono a mis padres sus pecados, así como tú perdonaste mis pecados. Lo hago de manera unilateral, a pesar de la forma en que respondan. Los perdono para que puedan seguir con sus vidas (si están vivos) y para que yo también pueda seguir con la mía. Enséñame a asumir la responsabilidad de mis pecados, así como les enseñas a ellos cómo asumir la responsabilidad por sus pecados. Entiendo que la reconciliación y el perdón son dos cosas diferentes. No obstante, mi perdón es incondicional. Oro en el nombre de Jesús, amén.

Quizás esto te parezca una barrera demasiado grande para superar. Nadie podría decirte que será fácil, pero te aseguro que nada es imposible para el Espíritu Santo. Déjame darte un ejemplo.

CÓMO LO IMPOSIBLE SE VUELVE POSIBLE

Mi amigo Sean nunca se imaginó que podría perdonar a su padre. A continuación, encontrarás su historia, contada por él mismo:

Mi niñez estuvo llena de maltratos físicos y psicológicos. Básicamente, mi padre nos pegaba a mi hermano y a mí todo el tiempo; y lo hacía con maldad. Vivía lleno de ira y de furia, y nosotros nunca sabíamos cuándo o por qué explotaría. Mis padres eran dueños de un negocio muy exitoso, pero creo que eso les causaba mucho estrés que no sabían manejar. Entonces, a mi hermano y a mí nos culpaban siempre por cualquier cosa que estuviera molestando a mi papá en cualquier momento en particular.

La mamá de mi mejor amigo se hizo cargo de criarme. Prácticamente vivía en su casa. Era un lugar seguro. ¡Se reían y tocaban música! Cuando estaba con ellos, estaba todavía más consciente de lo desastroso que era mi hogar.

Sabía que tenía que salir de ahí tan pronto como

fuera posible; por lo tanto, cuando fui lo suficientemente mayor, me enlisté en las fuerzas aéreas. Visitaba a mis padres tan pocas veces como me era posible; siempre tenía temor de que hubiera alguna clase de explosión.

Luego, mi mamá enfermó y quedó discapacitada por varios años. Mi papá no hacía nada para ayudarla e impedía que la viera. Después de que ella falleció, el ejecutor de su testamento llamó para decirme que mi papá no quería tener nada que ver conmigo en adelante. *No hay problema*, pensé. No volví a mirar atrás.

No obstante, antes de que mi mamá se enfermara, recuerdo haber ido a la iglesia un día y haber leído el Padrenuestro. Lo había escuchado muchas veces, por supuesto, pero ese día, por razones que desconozco, *realmente* lo escuché. «Perdónanos nuestros pecados, así como hemos perdonado a los que pecan contra nosotros». Esa oración comenzó una larga lucha dentro de mí.

Después de que falleciera mi mamá, no vi a mi padre por siete años. Recuerdo que un día pasé en auto cerca de donde él vivía, sin embargo, no se me cruzó por la mente visitarlo. Estaba muerto para mí. Sin embargo, una noche ya tarde, estábamos regresando a casa y mientras pasábamos cerca de la casa de mi papá, el Espíritu Santo tomó el control. No hay otra forma de explicarlo. Dios me impulsó a llamarlo.

Le pedí a mi esposa que detuviera el auto y, en el silencio oscuro de la noche, me encontré temblando mientras marcaba el número de mi papá.

—Apuesto a que no sabes quién es el que te llama —le dije cuando levantó el teléfono—. Soy tu hijo.

Después de un breve intercambio de palabras, decidí

ir a su casa. Mientras accedíamos a la larga entrada, quedé totalmente sorprendido cuando él salió. Para ser sincero, ¡pensé que me correría a los tiros! Pero nos saludó formalmente. Lo seguimos adentro de la casa. Tuvimos una visita corta, rígida. Algo no estaba bien. Una semana más tarde, recibimos su diagnóstico de demencia.

Debido a su enfermedad, decidí ayudarlo trasladándolo a un lugar donde estaría cuidado, ubicado a un kilómetro y medio de nuestra casa. Lo llevaba a las citas con el médico y lo sacaba a comer, pero durante el primer año siempre me sentía tenso. No sabía cómo interactuar con él. Con el tiempo, comenzamos a ser menos rígidos el uno con el otro. Él todavía era un cretino, pero también se mostraba amable, lo cual era raro; incluso me mostraba afecto físico dándome palmadas en la espalda.

Durante los varios años en que ayudé a cuidar de él, de seguro vi miles de fotos que él había guardado, las cuales abarcaban décadas. Era de lo más curioso mirar fotos de mi niñez y ver cosas que no recordaba. Me hicieron pensar: *No confíes en tus recuerdos. Quizás no sean tan completos como crees.*

Toda mi vida habíamos tenido un trato formal el uno con el otro; no mediaban palabras cariñosas. Siempre lo llamé por su primer nombre. Sin embargo, el último año de su vida, en algún punto a lo largo del camino hice la transición y comencé a llamarlo «papá».

Nunca nos reconciliamos por completo, pero sí lo perdoné. A veces, me enojaba el hecho de que nunca se disculpara. Nunca tuve el *momento*. Incluso ahora, cuando veo a un hombre que es compasivo con su hijo, me emociono. Todo eso me resulta extraño todavía. No obstante, me di cuenta de que aferrarme a esa ira solo me hacía daño a *mí*.

Seis años después de que fui a su casa aquella noche, tuvimos que llevarlo a un hospital de cuidados paliativos. En sus últimos días, le lleve todas las cartas de amor que le escribió a mi mamá, las cuales había encontrado en su casa y se las leí. La última vez que salí del hospital, sentí un peso, pero también una sensación de paz. Miré hacia atrás y dije: «Hice lo mejor que pude. Tal vez tú también hiciste lo mejor que pudiste».

El padre de Sean nunca levantó un dedo para compensarlo por lo que le había hecho en el pasado, ni tampoco se disculpó por las heridas que convirtieron a Sean en un niño quebrantado. No obstante, Sean escuchó el impulso del Espíritu Santo y tomó una decisión: *Perdonar por fe, como un acto de la voluntad*; un acto que ayudó a sanar a un niño quebrantado y que hizo posible lo imposible.

Tómate un momento para reflexionar en tu propia historia y, luego, lee de nuevo las palabras de la oración de la página 124.

¿AHORA QUÉ?

Lo hermoso sobre el perdón unilateral es que comienza a reemplazar las emociones negativas con amor, gracia, misericordia y compasión.

Una vez que perdonas a tus padres de manera unilateral, puedes comenzar a verlos con ojos diferentes o a tener un entendimiento más profundo de cómo se convirtieron en los padres que fueron. Te mostraré cómo repensar su historia en el próximo capítulo, pero primero responde las preguntas de reflexión y discusión.

REFLEXIÓN Y DISCUSIÓN

1. ¿Pudiste disminuir la tensión en la relación con tus padres? ¿Por qué?

2. ¿Cómo sería tu vida en diez años si no perdonaras a tus padres?

3. ¿Qué hace que el perdón bíblico sea singular?

4. ¿Oraste y perdonaste a tus padres unilateralmente? ¿Cómo te hace sentir eso? Si no lo hiciste, ¿qué es lo que impide que lo hagas?

11

REPENSANDO LAS HISTORIAS DE TUS PADRES

CUANDO PIENSAS EN TUS PADRES, ¿dónde los ves en esta escala?

de buen corazón	bien intencionados	disfuncionales	indiferentes	tóxicos	malvados

Les hice a mis padres mala reputación por mucho tiempo y, al final, los saqué de mi vida porque sentía que no les importaba.

Pero a medida que fui madurando, fui ablandándome. Incluso durante el proceso de escribir este libro, recordé que mi madre solía firmar las tarjetas de cumpleaños con «XOXO», lo cual representaba besos y abrazos. Eso era algo positivo que había bloqueado.

Además, hay otros detalles que había olvidado. Un día recordé que ella me dio un libro que cambió mi vida: *30 Days to a More Powerful Vocabulary* (30 días para obtener un vocabulario más poderoso), el cual todavía conservo. Debe haber reconocido mi amor por las palabras y quiso ayudarme.

Esta es la pregunta que todos debemos hacernos: cuando tenemos pensamientos positivos, ¿nos aferramos con firmeza a nuestra vieja historia o hacemos ajustes?

Sin lugar a dudas, tus padres son responsables por haberte herido, sea que lo hayan hecho a sabiendas o no. Tal vez eran buenas personas que cometieron errores serios o, quizás, eran personas indiferentes, tóxicas e, incluso, malvadas. Nada puede minimizar, justificar, excusar o cambiar eso. Lo que te sucedió en realidad te sucedió.

Sin embargo, ¿qué les pasó a *ellos*?

Es una pregunta que vale la pena hacerse. En este libro, mi meta es ayudarte a desenmarañar lo que te sucedió, a sanar las heridas de tu juventud y a quebrar el ciclo del dolor. Dicho eso, desenmarañar lo que les sucedió a tus padres puede arrojar luz respecto a lo que te sucedió a *ti*.

LO QUE LES SUCEDIÓ A MIS PADRES

Sabiendo lo que sé, debo confesar que fui más duro con mis padres de lo que ellos se merecían. Los fracasos de mis padres no fueron solo de ellos; no sucedieron como algo aislado. Por el contrario, mis padres tenían sus propias heridas y caminaban con sus propias cojeras. Esa no es una excusa, pero sí justifica un poco de misericordia de mi parte.

Mis padres

Amé a mi madre y creo que ella también me amó. No obstante, algo faltaba en su vida. Hasta el día de hoy, no sé qué era lo que le faltaba. Era una persona reservada.

Mi papá es una historia diferente. Sé muchas cosas acerca de él. Debido a que su padre lo abandonó cuando él tenía dos años de edad, nunca sintió los bigotes de su padre raspándole la cara, nunca jugó a la pelota con él, nunca tuvo un papá con quien jugar a la lucha en el piso y nunca tuvo un papá a quien admirar e imitar.

El hombre que nunca me abrazó ni me aseguró que me amaba cuando yo era niño nunca fue abrazado *él mismo* ni tuvo seguridad del amor de su padre cuando era pequeño.

En su funeral compartí lo siguiente:

Cuando nuestro papá tenía dos años de edad, él, su madre, Mae, y sus hermanos y hermana fueron abandonados por su padre. Al poco tiempo su mamá tuvo un derrame cerebral. Desde ese día en adelante, hablaba balbuceando y arrastraba la mitad de su cuerpo al caminar.

No pasó mucho tiempo hasta que perdieron la pequeña granja que tenían en Hayward, Minnesota, y se trasladaron a Albert Lea para vivir con dos de las hermanas de Mae. El hermano mayor de papá, Harry, comenzó a trabajar a los diez años en un camión panadero antes de ir a la escuela, en la carnicería después de la escuela y en la estación de servicio los fines de semana. Papá comenzó a trabajar cuando cumplió seis años, ayudando en el camión panadero y repartiendo diarios para ganar dinero. Se levantaban de la cama a las 3:00 de la mañana y permanentemente recibían notificaciones por llegar tarde a la escuela.

Mientras consideraba la vida de papá y las circunstancias que se alinearon en su contra, por la gracia de Dios, llegué a entender esto: el éxito y el legado de algunos hombres será medido por lo lejos que llegaron dadas sus circunstancias. El secreto del éxito de nuestro padre y su legado es mirar lo lejos que llegó.

Cuando se hizo hombre, la fuerza que impulsaba la vida de mi papá era no ser como su padre. Aunque no recuerdo haberlo oído alguna vez usar estas palabras exactas, deseaba romper el ciclo vicioso. Sabía que había una enfermedad intergeneracional que debía ser sanada.

Mi papá necesitaba ayuda. Tenía buenas intenciones, pero no había tenido ejemplo de hombría para seguir. Nunca tuvo un modelo de lo que significaba ser padre. Tuvo que aprender solo a ser un padre para mis tres hermanos menores y para mí.

Nuestra iglesia

Sabiendo que necesitaban ayuda y guía, mis padres nos llevaron a la iglesia. Tristemente, cuando llegaron a la iglesia, la iglesia no estaba preparada. No tenían ningún programa de discipulado y capacitación que les enseñara a ser padres piadosos.

Para la época en que estaba en la escuela secundaria, algo sucedió en la iglesia que hirió los sentimientos de mis padres y, en consecuencia, nos alejamos. En esa época, tenía dieciséis años. Esa decisión se relaciona con la caída en espiral de mis hermanos y yo. Nuestra familia todavía no se ha recuperado del todo de esa decisión fatídica.

Pasé mucho tiempo reflexionando en lo que sucedió. Si le preguntaras a mi papá quien fue el culpable de lo que le pasó a mi familia, él asumiría toda la responsabilidad. Sin embargo, cuando llegué a entender el evangelio de Jesús y su mandamiento de hacer discípulos, creo que los cristianos maduros de esa iglesia también fueron responsables. Porque ninguno entendió lo sagrado de la responsabilidad ni de la oportunidad de ser mentores de esos padres jóvenes; papá y mamá no estaban equipados para criarnos bien, aun cuando quisieran hacerlo.

¿Por qué pienso que esos cristianos maduros son culpables? En parte, por lo que me sucedió a mí cuando un día entré a una iglesia diferente con un grupo de hombres diferentes.

Yo también sabía que necesitaba ayuda, como resultado me dirigí al lugar históricamente designado donde se supone que un hombre puede encontrar esa ayuda. Un domingo a la mañana, desesperado por encontrar la sabiduría que necesitaba para ser un hombre y un esposo piadoso, llevé a mi esposa a la iglesia.

Mi experiencia fue totalmente diferente a la de mi padre. Cuando entré a la iglesia, aquellos hombres estaban preparados para recibirme. Entendieron la santidad de ese momento: todas las fuerzas del mal trabajaban para evitarlo y todas las oraciones de mi esposa y de los demás para hacer que sucediera. Tenían un plan para instruirme, para mostrarme el amor de Cristo, para compartir el evangelio y para discipularme y equiparme para que fuera un hombre, esposo y padre piadoso. Aquellos hombres me dieron el regalo que mi papá había querido con desesperación, pero nunca pudo recibir.

La parte más importante de repensar la historia de mi padre es el darme cuenta de que tuvo muchas otras fallas, pero que no repitió los pecados de su padre. No nos abandonó. Mi papá fue un milagro.

RAZONES PARA REPENSAR

Hay muchas razones para extenderles gracia a tus padres. Por ejemplo:

- no tenían el temperamento adecuado,
- no eran resilientes,
- tuvieron sus propias heridas de la niñez que nunca sanaron,
- no fueron la luz de los ojos de sus padres o
- nadie les mostró con el ejemplo cómo criar de manera sana y amorosa.

Es improbable que tus padres se hayan propuesto ser malos padres. Nadie planea fracasar. Quizás tus padres trataron, tal vez no lo hicieron o, quizás, no se esforzaron lo suficiente. En cualquiera de los casos, no recibieron la educación que necesitaban para ser buenos padres.

¿Qué sucede cuando las personas nunca recibieron lo que se espera que den? Si tus padres no te criaron de manera sana y amorosa, hay una buena posibilidad de que ellos no hayan sido criados de manera sana y amorosa tampoco. Así como les sucedió a mis padres, es muy probable que nadie les haya mostrado cómo amar, cómo establecer estructuras, cómo echar raíces y dar alas.

Recuerda que tus padres también fueron el producto de su medio ambiente. Solo Dios sabe qué demonios tuvieron que ahuyentar; quizás drogas, alcohol, adicciones, enfermedad mental, padres abusadores y violentos o un hogar quebrantado. *¿Sus* padres fueron pasivos, ausentes, permisivos, propiciadores, malhumorados, exigentes o denigrantes? Si tu mamá o tu papá hicieron algún progreso en lo que respecta a quebrar el ciclo vicioso en el cual nacieron y se criaron, dales crédito por eso.

Considera que aun cuando te hayan decepcionado, es posible que tus padres hayan tenido buenas intenciones. Por ejemplo, muchos padres ausentes trabajan durante muchas horas para llegar a fin de mes y proveer para las necesidades de su familia. Eso nos los excusa del hecho de que se pierden eventos importantes, pero sí le da un giro diferente a la situación.

Cuánto más sepas sobre la historia de tus padres, mayor es la probabilidad de que adquieras una perspectiva llena de gracia, compasión y misericordia respecto a ellos.

Sin importar las razones por las cuales te decepcionaron, culparlos por tu quebrantamiento no te sanará. En todo caso te desmoralizará.

También es posible que haya otros factores involucrados en las heridas que cargas, tales como tu naturaleza, un trauma que experimentaste, acoso, racismo, prejuicio o pobreza. No todo lo malo que nos sucede se originan en las heridas que nos causaron nuestros padres o madres. Incluso los hombres que dicen: «Mis padres me dieron apoyo emocional» podrían exhibir algunas de las nueve características.

Al final del día, debemos reconocer que nuestros padres, como nosotros, son seres humanos imperfectos con sentimientos reales, y que las cosas que dijimos aplastaron *su* espíritu. Como el actor y director británico Peter Ustinov dijo: «Los padres son los huesos con los cuales sus hijos se afilan los dientes». No fuimos hijos perfectos, así como ellos no fueron padres perfectos.

¿CUÁLES SON LAS HISTORIAS DE TUS PADRES?

Piensa en lo que sabes, y en lo que no sabes, sobre las historias de tus padres. Luego, en el espacio provisto, responde la pregunta: *¿Qué les sucedió a mis padres?*

¿AHORA QUÉ?

Después de analizar todas las razones por las cuales tus padres te fallaron, considera que quizás ellos te pasaron los errores y los pecados que les pasaron a ellos. La transferencia intergeneracional del comportamiento disfuncional está bien documentada en la literatura de los expertos.

Winston Churchill afirmó: «Los que no aprenden de la historia están condenados a repetirla»[1]. No obstante, ahora que consideraste lo que les sucedió a tus padres, puedes romper la cadena.

No congeles a tus padres en un recuerdo en particular. El anfitrión del programa de radio Erick Erickson comentó: «Si a ninguno de nosotros se nos permite avanzar más allá de las peores cosas que hicimos, no hay incentivo para que nos convirtamos en mejores personas»[2].

Extiende la gracia a tus padres por sus errores y pecados pasados, así como tú recibiste gracia por los tuyos.

Tal vez parezca que no vale la pena el esfuerzo para tratar de edificar una relación con tus padres; y, en algunos casos, quizás no sea ni parezca posible. Pero si piensas que te gustaría intentarlo, en los próximos dos capítulos analizaremos el proceso para la reconciliación con tus padres y para la reconstrucción de la relación con ellos.

REFLEXIÓN Y DISCUSIÓN

1. ¿Qué piensas que hizo que tus padres fueran tan
_____ (llena el espacio en
blanco)?

2. Al haber repensado las historias de tus padres, ¿de qué
manera podrías ajustar en la escala la forma en la que
al principio los veías?

de buen corazón	bien intencionados	disfuncionales	indiferentes	tóxicos	malvados

3. Nuestro plan de tres partes es: desenmarañar lo que te sucedió, sanar las heridas de tu niñez y romper el ciclo vicioso. ¿De qué forma repensar las historias de tus padres te ayudó en una o más de estas áreas?

4. Si fuera posible, ¿deseas intentar reconciliarte con tus padres? ¿Por qué sí o por qué no?

12

CÓMO RECONSTRUIR TUS RELACIONES (O PONER LÍMITES): PRIMERA PARTE

DESPUÉS DE MANTENER a mis padres a distancia por más de una década, sentí el deseo de reconstruir nuestra relación. Dios había hecho un excelente trabajo en lo que respecta a construir mi relación con él. Ahora, era mi turno de hacer un buen trabajo para reconstruir mi relación con mis padres.

Tenía un poco más de treinta años y mi primer paso fue invitar a papá a almorzar el día de su cumpleaños. Esto fue el puntapié inicial para que se dieran una serie de conversaciones sanadoras que se extendieron por más de una década; la más memorable fue el día en que por primera vez me dijo: «Te quiero».

Cuando tenía cuarenta y siete años, escribí en su tarjeta de cumpleaños: «Papá, ciertamente espero que estés orgulloso de mí». Después de nuestro almuerzo tradicional, le entregué la carta y lo miré atentamente mientras la abría y la leía. Sin levantar la vista, dijo: «Sabes que sí».

Eso fue todo lo que recibí. ¡Pero fue electrizante! Mi mente explotó de gozo. Sentí que dentro de mí se rompían las cadenas.

Quizás tus padres nunca estaban disponibles o eran disfuncionales sin arreglo o, tal vez, te maltrataban. Pero si no eran así, hay una parte tuya que de seguro desea, incluso se muere de ganas, de tener una relación mejor con ellos y que ellos tengan una mejor relación contigo.

No obstante, para que eso suceda, deben poder hablar con honestidad acerca de las heridas que todavía te molestan. Hablar *acerca de* tus padres es una cosa; hablar *con* ellos pone las cosas en un nivel totalmente diferente. Incluso la sola posibilidad de una conversación directa sobre el dolor de tu niñez de seguro te hace sentir un poco ansioso, ¿no?

Yo también me sentí así. Esa es la razón por la cual deseo guiarte a través del proceso. En este capítulo, vas a evaluar tu situación actual y a reflexionar sobre tu actitud. Luego, en el capítulo que sigue, revisaremos los potenciales próximos pasos, incluyendo qué hacer si no puedes comunicarte con tus padres.

TU SITUACIÓN ACTUAL

Hay cuatro factores clave que influenciarán tu habilidad para resolver las tensiones y avanzar en tus relaciones. Vamos a analizarlos uno a la vez.

1. El nivel de disfunción

En los capítulos 1 al 5, desenmarañaste lo que te sucedió. El grado en el cual fuiste privado de amor, estructuras, raíces y alas puede variar de moderado a severo. La mayoría de las familias disfuncionales no son malvadas, pero algunos niveles de disfuncionalidad son más fáciles de sanar que otros.

¿Cómo eran tus padres? ¿Eran pasivos, ausentes, permisivos o propiciadores? ¿Simplemente no sabían lo que estaban haciendo, como los míos? O ¿eran padres enojados, exigentes, denigrantes que de manera activa te hacían sentir infeliz? ¿Te maltrataron o te descuidaron?

¿Cómo calificarías el nivel de disfuncionalidad de tu familia de la niñez; tanto entonces como ahora?

bajo	moderado	serio	severo

Si estuviste en el sistema de padres de acogida o fuiste criado por algún pariente, califica el nivel de disfuncionalidad de las relaciones que más daño te hicieron.

2. Tu receptividad

Reconstruir una relación con padres de buen corazón que cometieron errores es, por supuesto, muy diferente a reconstruirla con padres egoístas, con intenciones malvadas que te fallaron por completo. Como resultado, tu receptividad a la reconciliación quizás sea alta o baja.

Si tus padres actuaron por ignorancia en lugar de malicia, serás más receptivo. Pero si tus padres de maltrataban a sabiendas y, en especial si no cambiaron, tal vez seas reacio a hacerlo.

¿Cuál es tu nivel de receptividad respecto a procurar una relación mejor con tus padres?

entusiasta	receptivo	no receptivo	en contra

3. La receptividad de tus padres

En retrospectiva, no tengo recuerdos de que mis padres se hayan resistido alguna vez a mis esfuerzos de reconciliación, restauración y reedificación de nuestra relación. Sin lugar a dudas, tuve que tomar la iniciativa; nunca fueron proactivos. No obstante, siempre fueron receptivos y sensibles a mis esfuerzos.

Quizás tus padres anhelan construir o restaurar una buena relación contigo, pero no saben cómo hacerlo. O es posible que no tengan ningún interés debido a su pasividad, actitud defensiva, egoísmo u otras razones. La única manera de saber con seguridad es preguntándoles.

En este momento, ¿qué grado de receptividad crees que tendrían respecto a reconciliarse o reconstruir la relación?

entusiasta	receptivo	no receptivo	en contra

4. Habilidades para la comunicación

Siendo realista, eres un niño quebrantado porque tus padres o cuidadores no tenían la habilidad ni el temperamento para criar a un niño saludable. Sin embargo, para restaurar una relación, tú (o un facilitador) necesitarán fuertes habilidades de comunicación.

¿Tú y tus padres tienen la habilidad y la madurez para entablar conversaciones que sean tanto sinceras *como* constructivas?

sin duda	sobre algunos temas	impredecible	de ninguna manera

Si tus padres no son maduros ni experimentados en esta área, quizás las conversaciones productivas no sean posibles. No obstante, recuerda que si has cambiado y crecido, entonces, también es posible que tus padres hayan cambiado o que puedan cambiar.

Observando los cuatro factores, ¿cuántas de tus respuestas están en el lado izquierdo de la escala? ¿Cuántas están a la derecha? Esto te dará una idea más clara de a lo que te vas a enfrentar.

A continuación, reflexionemos sobre la actitud que te dará las mayores probabilidades de progresar.

TU ACTITUD

¿Qué significa tener una mala actitud o una buena actitud? Actitud se refiere a tu disposición: cómo ves el presente, cómo ves el futuro, tu filosofía de vida, tus valores, tus creencias, tu optimismo o pesimismo, si ves el vaso medio lleno o medio vacío y si tienes una perspectiva positiva o negativa respecto a la gente y a la vida.

Zig Ziglar dijo sabiamente: «Tu actitud, no tu aptitud, determinará tu altitud». Si tu actitud al acercarte a tus padres es poner las cosas en claro, juzgar el pasado, lo correcto y lo incorrecto, hacer saber a tus padres cómo te sientes *realmente*, presionarlos para que admitan la culpa u obligarlos a disculparse, entonces es muy probable que fracases en tus esfuerzos para mejorar la relación.

De nuevo, los principios de la Biblia de eficacia contrastada a lo largo del tiempo ofrecen la probabilidad más alta de éxito.

La esencia de las enseñanzas de Jesús no es defender tus derechos, culpar a alguien, ni la venganza; es el *amor*. Jesús dijo: «Así que ahora les doy un nuevo mandamiento: ámense unos a otros. Tal como yo los he amado, ustedes deben amarse unos a otros. El amor que tengan unos por otros será la prueba ante el mundo de que son mis discípulos» (Juan 13:34-35).

El amor nos empodera para pasar por alto las ofensas y perdonar:

Lo más importante de todo es que sigan demostrando profundo amor unos a otros, porque el amor cubre gran cantidad de pecados.

I PEDRO 4:8

El odio provoca peleas,
pero el amor cubre todas las ofensas.
PROVERBIOS 10:12

Cuando se perdona una falta, el amor florece,
pero mantenerla presente separa a los amigos
íntimos.
PROVERBIOS 17:9

Las personas sensatas no pierden los estribos;
se ganan el respeto pasando por alto
las ofensas.
PROVERBIOS 19:11

Y hagan todo con amor.
1 CORINTIOS 16:14

No puedes amar de esta manera con fuerza de voluntad y determinación, pero tampoco tienes que hacerlo. Debido a que el amor
es un fruto del Espíritu Santo, puedes amar a la manera de Dios si
andas en el poder y la presencia del Espíritu Santo:

En cambio, la clase de fruto que el Espíritu Santo
produce en nuestra vida es: amor, alegría, paz, paciencia,
gentileza, bondad, fidelidad, humildad y control propio.
GÁLATAS 5:22-23

Dios no requirió que lo amaras para amarte. Él tomó la iniciativa.

Queridos amigos, sigamos amándonos unos a otros,
porque el amor viene de Dios. Todo el que ama es un

hijo de Dios y conoce a Dios [...]. En esto consiste el amor verdadero: no en que nosotros hayamos amado a Dios, sino en que él nos amó a nosotros y envió a su Hijo como sacrificio para quitar nuestros pecados. Queridos amigos, ya que Dios nos amó tanto, sin duda nosotros también debemos amarnos unos a otros. [...] Nos amamos unos a otros, porque él nos amó primero.

I JUAN 4:7, 10-11, 19

De la misma manera, tu actitud hacia tus padres puede girar en torno a esta verdad catártica: no necesitas que tus padres te amen para amarlos.

El amor es el pegamento que puede mantenernos unidos y el aceite que puede impedir que nos rocemos de la manera equivocada. Aun si tus padres no corresponden tu amor, el amor te puede liberar de la amargura y el rencor.

Si estás listo, únete a mí en proclamar esta afirmación: *No necesito que mis padres me amen para amarlos.*

REFLEXIÓN Y DISCUSIÓN

1. ¿Cuál es el nivel actual de disfunción de tu familia?
   Explica tu respuesta.

bajo	moderado	serio	severo

2. ¿Cómo calificarías tu receptividad y la de tus padres
   para reconstruir la relación? Explica tu respuesta.

entusiasta	receptivo	no receptivo	en contra

3. La Biblia dice que nuestra actitud debería ser hacer todo con amor. ¿Estás listo para pronunciar esta afirmación: *no necesito que mis padres me amen para amarlos*? ¿Por qué sí o por qué no?

13

CÓMO RECONSTRUIR TUS RELACIONES (O PONER LÍMITES): SEGUNDA PARTE

EN EL ÚLTIMO CAPÍTULO, evaluaste la situación y la receptividad actual de tus padres para reconstruir la relación. En este capítulo, vamos a analizar cómo puedes comunicarte con ellos; y qué hacer si no puedes.

PARA DISFUNCIONES BAJAS O MODERADAS

Opción 1: Sigue haciendo lo que estás haciendo

Si el nivel de disfuncionalidad de tu familia fue, y tal vez todavía es, relativamente leve, tu primera opción puede ser seguir haciendo lo que estás haciendo.

Por ejemplo, quizás tus padres trabajaban muchas horas y no

estaban el tiempo suficiente en casa. No había violencia ni adicciones y su relación era estable.

Entiendes lo que sucedió. Tus padres también entienden y están arrepentidos. Avanzaron en la relación. Se comunican bien ahora. Se enfocan en el futuro, no en el pasado. Todos quieren quebrar el ciclo para beneficio de tus hijos y sus nietos.

Si esta es más o menos tu situación, puedes escoger seguir haciendo lo que estás haciendo ahora. Puedes tener conversaciones cortas, sinceras sobre los asuntos que te molestan. Esta fue, en gran medida, la forma en la que encaré la situación, abordando un asunto a la vez, caso por caso, a medida que la necesidad y la oportunidad se presentaban.

Opción 2: Iniciar una «conversación crucial»
Tu segunda opción es reunirte con tus padres para tener una conversación sincera con el propósito de aclarar las cosas.

Tal vez nunca hablaste con tus padres acerca de las heridas de tu niñez, ni tampoco ellos contigo. Es como un secreto familiar. Si esto describe tu situación, siempre habrá un impedimento en lo que respecta a construir una relación de confianza y amor con ellos hasta que abordes lo que te sucedió y cómo te hizo sentir.

El libro *Crucial Conversations: Tools for Talking When Stakes Are High* (Conversaciones cruciales: Herramientas para hablar cuando lo que está en juego es importante) describe una conversación como una discusión entre dos o más personas, la cual consiste en estos tres componentes:

(1) las opiniones divergen,
(2) hay importantes factores en juego y
(3) las emociones son apasionadas[1].

Si escoges seguir este camino, ten en cuenta que es útil siempre y cuando tú *y* tus padres posean habilidades para la comunicación razonablemente buenas. Con suerte, en este punto de la relación, solo en raras ocasiones los padres son pasivos, ausentes, permisivos, propiciadores, malhumorados, exigentes o denigrantes.

Si han madurado hasta el punto que percibes que son receptivos a la posibilidad de reconstruir la relación un poco más, y si los perdonaste porque te hirieron, entonces una conversación crucial podría ser tu mejor opción.

¡Incluso si sospechas que se sentirán muy avergonzados, que se humillarán a sí mismos y que asumirán la responsabilidad, aun así la posibilidad de una conversación crucial podría sentirse aterradora! A continuación, encontrarás algunas sugerencias para superar los momentos incómodos.

MOMENTO INCÓMODO N.º 1: ORGANIZAR EL ENCUENTRO

Te sugiero que organices el encuentro. Establecer formalmente una hora, sin lugar a dudas, será emocionalmente incómodo para ti e igualmente incómodo para tus padres.

No obstante, no lo pienses demasiado. En esta etapa tienes uno y solo un objetivo: programar un momento para sentarte a hablar con tus padres.

Primero, ora pidiéndole a Dios que te ayude a tener éxito. Luego, llámalos por teléfono para acordar el día y la hora de la reunión. No lo hagas mediante un correo electrónico ni un mensaje de texto salvo como un último recurso. *Siempre* reúnete con ellos en persona; incluso si tienes que esperar algunos meses o viajar hacia donde ellos viven. No puede haber una reunión de las mentes si las mentes no se encuentran.

A continuación, encontrarás una muestra de lo que puedes decir, puedes modificarla a tu gusto:

Papá, soy _____. Me gustaría que nos reuniéramos para hablar contigo y con mamá. ¿Cuándo tendrían tiempo para que nos encontremos para hablar por lo menos una hora?

Posibles respuestas:

- «¿Charlar? ¿Sobre qué tema?». *Tu respuesta:* «Tengo algunas preguntas acerca de mi niñez. ¿Cuándo podríamos reunirnos?».

- «¿Podemos hablar acerca de eso ahora?». *Tu respuesta:* «Es lo suficientemente importante para mí como para querer hacerlo en persona. ¿Cuándo estarían disponibles para que nos encontremos?».

- «No creo que sea necesario —o— ahora no es un buen momento». *Tu respuesta:* «Me doy cuenta de que puede ser estresante, pero estoy en una buena situación ahora y creo que es importante que lo hagamos en persona. ¿Cuándo estarían disponibles para que nos encontremos?».

Si tus padres aun así no están dispuestos a reunirse contigo, hiciste lo mejor que pudiste. Puedes responder:

—Entiendo. Por favor, sepan que estuve trabajando respecto a cómo me convertí en el hombre que soy e hice algunos avances increíbles. Creo que sería beneficioso para todos si pasáramos una hora juntos; por lo tanto, por favor avísenme si cambian de idea.

En este punto, o tienes una cita con tus padres o no. Si no lo logras, confía en que todo irá bien y ora por la oportunidad de tener esta conversación crucial. No es necesario que fuerces la situación.

MOMENTO INCÓMODO N.º 2: LOS PRIMEROS MINUTOS

He aquí una forma infalible de comenzar la reunión con el pie derecho, la cual aprendí cuando tuve la necesidad de hablar con mi vecino. Nuestros vecinos habían traído un perro nuevo y lo dejaron en su porche cubierto cuando se fueron a trabajar. Su porche estaba al lado de la oficina donde escribo, y el perro ladró todo el día hasta el punto que me impidió concentrarme.

La idea de una confrontación me acobardaba, pero finalmente no pude soportarlo más. Después de un par de semanas, me armé de valor y golpeé a su puerta. Cuando mi vecino abrió la puerta con una gran sonrisa amigable, sin que me diera cuenta estas palabras salieron de mi boca:

—Hola, vecino. Me encanta que seamos vecinos, pero necesitamos tener una conversación incómoda. ¿Le parece bien?

Esas palabras nos quitaron la presión a ambos. No tuve que fingir un puñado de cumplidos sociales, pero tampoco fui grosero ni gruñón. Por el contrario, pude ser sincero, claro y amable mientras le explicaba lo que estaba sucediendo.

Mi vecino pudo escuchar lo que dije porque no hice un escándalo sobre la situación. Además, escuché lo que tenía que decir al respecto y no discutí con él ni me puse emocional. Una vez que aclaramos las cosas, estuvo de acuerdo en mantener al perro adentro durante el día. El problema quedó resuelto. Desde ese día, nunca tuve problemas para comenzar una conversación crucial.

He aquí una frase parecida que puedes adaptar o usar en aquellos primeros momentos incómodos cuando te estés reuniendo físicamente con tus padres: «Mamá, papá, los quiero muchísimo, pero necesitamos tener una conversación incómoda. ¿Les parece bien?».

Al pedirles permiso, evitas dar la impresión de que estás forzando la conversación, lo cual muestra respeto por ellos.

EL MEOLLO DE TU CONVERSACIÓN

Si te sientes ansioso respecto a la reunión, no lo pienses demasiado. Tienes conversaciones todos los días, y eso es todo lo que intentas hacer. Simplemente tener una conversación.

No vayas a la reunión con la intención de buscar culpables por el pasado, forzar una disculpa o lograr que «entren en razón». Por el contrario, reúnete con una actitud optimista, positiva. Escucha. Ama. Respeta. Enfría los ánimos.

Evita las preguntas beligerantes, tales como *por qué*: «¿Por qué no venían a verme jugar?» o «¿Por qué me gritaban todo el tiempo?». Por el contrario, enfócate en dos cosas, *lo que te sucedió* y *cómo te hizo sentir*:

- «Cuando no venían a verme jugar, me hacía sentir que no me querían».
- «Cuando me gritaban, me hacía sentir temor».

Esta es una pregunta importante: ¿Pueden tener una conversación positiva, emocionalmente madura en la cual tanto tú como tus padres puedan escucharse y hablarse con humildad y respeto? Santiago 1:19-20 nos exhorta: «Mis amados hermanos, quiero que entiendan lo siguiente: todos ustedes deben ser rápidos para escuchar, lentos para hablar y lentos para enojarse. El enojo humano no produce la rectitud que Dios desea».

Si haces una pregunta, deja en claro que genuinamente deseas una respuesta. Escucha sin dar una respuesta demasiado rápida. No des la sensación de que no estás realmente interesado en entender su versión de la historia.

Si deseas aumentar tu confianza antes de dar este paso, lee *Crucial Conversations: Tools for Talking When Stakes Are High* (Conversaciones cruciales: Herramientas para hablar cuando lo que está en juego es importante), el cual se basa en veinticinco años de entrevistas a veinte mil personas.

PARA DISFUNCIONES SERIAS A SEVERAS: TEN UNA SESIÓN CON UN FACILITADOR

Si estuviste experimentando una disfunción seria a severa, es posible que tus heridas sean profundas y debilitantes. Sin embargo, si ya perdonaste a tus padres, quizás quieras dar un paso hacia la reconstrucción de la relación.

En algunas circunstancias, reunirse para tener una conversación crucial tal vez no sea sabio o, incluso, posible. Quizás tus padres no mostraron ningún arrepentimiento, no saben comunicarse como adultos maduros o son tan pasivos e indiferentes que no parecen estar muy interesados en tu bienestar.

O quizás intentaste tener una reunión muchas veces y ellos se rehúsan a actuar. Tus padres simplemente no entienden por qué no puedes «crecer» o «superarlo». Ellos desean enterrar lo que tú necesitas sacar a la luz.

A menos que tanto tú *como* tus padres tengan buenas habilidades para comunicarse y, al menos, cierta salud y madurez relacional, te irá mejor si un consejero experimentado, un pastor emocionalmente inteligente, un amigo mutuo o un consejero profesional hace de facilitador en la conversación.

Es sabio que te reúnas con tu consejero o asesor primero para proveerle información de trasfondo y explicarle cuáles son tus expectativas respecto a la conversación. Ellos tendrán algunas sugerencias sobre cómo proceder, las cuales deberás seguir.

A través de la consejería me di cuenta de que la disfunción de nuestra familia era *seria*; a pesar de que había fantaseado con la noción que éramos solo un poco disfuncionales. Debido a que había juzgado erróneamente nuestra disfuncionalidad, mis padres y yo nunca nos reunimos con la intervención de un consejero o pastor que facilitaran conversaciones sinceras acerca de nuestra relación familiar. Ahora que tuve sesiones de consejería, estoy convencido de que nos perdimos una gran oportunidad. Hubiéramos estado mucho mejor más rápido, individualmente y como familia, si hubiéramos hecho eso. Quiero lo mejor para ti.

PARA DISFUNCIONES SEVERAS: PON LÍMITES

Si en repetidas ocasiones intentaste avanzar hacia una relación más saludable con tus padres sin haber logrado nada, quizás no sea posible en este momento. Tu familia fue y continuará siendo severamente disfuncional o incluso tóxica.

A pesar de que estás tratando de asumir la responsabilidad por tu vida, tus padres tal vez prefieren ignorar el pasado por completo y seguir adelante como si nada hubiera sucedido. Sea que se estén rehusando a cooperar con tus esfuerzos o, incluso, trabajando en tu contra, simplemente no entienden la situación.

En estas relaciones severamente disfuncionales, a menudo se necesita establecer límites. Un límite es una regla que estableces cuando de manera repetida tus padres violan las normas de una relación saludable padres-hijos.

Por ejemplo:

- Beben demasiado y luego hacen comentarios hirientes; incluso después de que les pediste en múltiples ocasiones que se abstuvieran de hacerlo.

- Cuando invitas a tus padres a tu casa a cenar, critican de manera abierta a tus hijos y le hablan sin respeto a tu esposa.

- Tus padres estuvieron ausentes durante tu etapa de crecimiento, pero ahora quieren que los cuides como si tuvieras una deuda con ellos y siguen sin querer abordar el pasado.

- Tú y tus padres son codependientes y están demasiado enredados en la vida del otro. Esperan demasiado de ti. Necesitas más privacidad.

- Tratan de controlarte con amenazas o haciéndote sentir culpable.

- Cuando intentas tener una conversación crucial con ellos, pierden los estribos y dicen cosas espantosas.

Ninguna persona que siga violando tus límites emocionales y físicos debería esperar que no haya consecuencias; ni siquiera tus padres. Tú y solo tú deberías tener la potestad de establecer y mantener tus límites, así como de dar cumplimiento a las consecuencias si esos límites son violados.

Un límite puede ser algo tan simple como decir: «No servimos alcohol en nuestro hogar». O podría ser tan drástico como: «Soy responsable de proteger a mi familia contra los retos y las críticas. Hasta que estén de acuerdo con dejar de hablar de manera irrespetuosa a mi esposa y de criticar a nuestros hijos, vamos a dejar de reunirnos». Puedes ser firme, pero también diplomático.

Por consejos útiles sobre cómo establecer límites, lee la edición actualizada y expandida de *Boundaries* (Límites) del Dr. Henry Cloud y el Dr. John Townsend.

¿Y SI TUS PADRES NO ESTÁN DISPONIBLES?

Si tus padres fallecieron o están ausentes, aún puedes reconciliarte con ellos en una forma que te traiga consuelo. No necesitas ir a ningún lugar especial ni seguir una fórmula mágica. Sin embargo, siempre y cuando sea posible, ir a donde están sepultados (si están muertos) o a otro lugar significativo podría ayudarte a crear un ambiente especial.

Cuéntales acerca de lo que aprendiste y trabajaste mientras leías este libro, como por ejemplo, que pudiste desenmarañar lo que te sucedió, que tus heridas están sanando y cuáles son tus planes para quebrar el ciclo.

Tal vez también podrías elevar una oración de purificación para tener un nuevo comienzo.

¿Y SI AUN ASÍ NO PUEDES SEGUIR ADELANTE?

La reconciliación puede ser complicada, demandar varios intentos, ser difícil y progresiva y sufrir contratiempos. Tal vez hagas todo correctamente, lo cual requiere mucha valentía, solo para que te rechacen y te dejen todavía más solo. Si después de todos tus esfuerzos todavía no puedes reconstruir la relación o si todavía tienes asuntos no resueltos después de leer o discutir con un grupo las partes 1 y 2 de este libro, entonces deberías buscar consejería cristiana profesional.

Buscar consejo es una señal de fortaleza, de la misma manera que es una señal de debilidad *no* hacerlo. El punto más importante a tener en cuenta para elegir un consejero es que sea «adecuado». Hay muchos estilos y métodos de consejería. Para encontrar un consejero que encaje con tus necesidades y estilo debes buscar y preguntar, tal y como lo harías si necesitaras un médico que se especialice en algún área de la medicina.

También puedes encontrar una lista extensa de consejeros cristianos en psychologytoday.com. Puedes buscar por ubicación, clase de terapia, problemas específicos y más. También puedes especificar que estás buscando consejería cristiana.

CONCLUSIÓN

Este es el dilema del niño quebrantado: lo que te sucedió no es tu culpa, pero eres responsable por lo que suceda después.

En la tercera parte, analizaremos lo que estuviste haciéndote a ti mismo y a los demás por causa de lo que te hicieron; y cómo puedes romper el ciclo vicioso siguiendo adelante.

REFLEXIÓN Y DISCUSIÓN

1. ¿Has intentado tener una conversación crucial con tus padres sobre las heridas de tu niñez? Si sí, ¿cómo resultó? Si no lo hiciste, ¿qué impide que la conversación tenga lugar?

2. ¿Cuál de los siguientes pasos es más conveniente para tu situación: Seguir haciendo lo que estás haciendo, iniciar una conversación crucial, tener una sesión con un facilitador, establecer límites? ¿Por qué es este el mejor paso para ti?

3. Queda claro que hay una tensión natural entre la necesidad de acción y el deseo de evitar un resultado potencialmente negativo. Con eso en mente, ¿qué es lo que puedes hacer esta semana para vencer tu renuencia y contactarte con tus padres?

TERCERA PARTE

ROMPIENDO EL CICLO VICIOSO

14

EL GOZO DE CAMINAR COJEANDO

DURANTE DOS AÑOS luché contra una enfermedad autoinmune. En un momento estaba tan débil que no podía levantar ni una taza de café ni apretar el envase de miel para escurrir los restos.

Todas las veces que el médico me preguntaba:

—¿Cómo describirías tu dolor en una escala del uno al diez?

Yo respondía:

—Más o menos cuatro.

Sin embargo, el dolor es subjetivo, ¿verdad? Entonces imprimí un gráfico de valoración del dolor y lo llevé a una de mis citas con el médico.

Cuando mi médico me preguntó:

—Y ¿cómo describirías tu dolor hoy? —Saqué rápidamente el gráfico.

—Estuve diciendo que mi dolor es un cuatro —le dije—, pero mi "gráfico de caras" dice que en realidad es un seis o siete.

Como puedes ver en la Escala facial del dolor Wong-Baker, estaba sufriendo un dolor *severo*, pero el médico estaba escuchando (y tratándome por) un dolor *moderado*.

Escala facial del dolor Wong-Baker

0	2	4	6	8	10
Sin dolor	Duele un poquito	Duele un poco más	Duele aún más	Duele mucho	El peor dolor posible

Hasta que tuve el gráfico de valoración de dolor como punto de referencia, no entendía cómo evaluar mi dolor físico. Así mismo, sin un punto de referencia, no entenderemos cómo evaluar nuestro dolor de la niñez.

Aunque la escala Wong-Baker está diseñada solo para el dolor físico, una escala similar podría ayudarnos a sopesar las heridas de la niñez. Antes de la consejería, si alguien me hubiera pedido que describiera cómo me sentía, hubiera dicho: «Me siento en un nivel cuatro». No obstante, si hubiera tenido que mirar los emoticones del gráfico, hubiera reconocido que el dolor residual de las heridas de mi niñez nunca llegó a ser menos de un seis y, a veces, ocho o incluso más.

En la actualidad, mis heridas de la niñez en su mayoría se sanaron; con gratitud puedo decir que, por lo general, estoy en un dos en la escala de dolor. Sin embargo, todavía tengo síntomas residuales que me hacen vulnerable a los estallidos emocionales. A veces salto a un cuatro o a un seis o, incluso, peor.

«Síntomas residuales que me hacen vulnerable a los estallidos emocionales» es una buena manera de entender lo que persiste *después* de que sanamos de nuestras heridas de la niñez.

Todos los que fuimos niños quebrantados tendremos estallidos emocionales porque, hasta cierto punto, viviremos con el dolor residual de lo que nos sucedió. Todos tenemos una cojera emocional.

CAMINAR COJEANDO

La cojera es una buena metáfora para lo que permanece después de que la sanidad sucede. Así como una pierna severamente dañada se sana, pero queda con cojera física, así el alma severamente dañada se sana, pero queda con cojera emocional.

La cojera es el efecto residual que nuestras heridas de la niñez tienen ante los encuentros de todos los días: tendemos a reaccionar exageradamente ante las personas y situaciones que nos recuerdan nuestras viejas heridas.

En el pasado, tu reacción exagerada sucedía a un nivel subconsciente. Te ofendías con facilidad. Estallabas de ira. Te volvías hosco y te retraías. Dañabas tus relaciones. Pero no sabías por qué.

A nadie le gusta andar enojado, triste, ansioso, impaciente, irascible, descontrolado, y ser desleal o sarcástico. No obstante, eso es lo que sucede exactamente cuando no sabemos caminar con una cojera.

Sin embargo, el conocimiento es poderoso. Ahora que entiendes lo que te sucedió y comenzaste el proceso de sanidad, puedes tomar el control de tu vida. Puedes vivir con una cojera, alegremente. Aunque sea por el resto de tu vida.

SÍNTOMAS RESIDUALES

En la actualidad, ¿cuáles son los síntomas residuales de tu cojera? ¿Todavía te enojas con facilidad? ¿Todavía tienes cambios de humor inexplicables? ¿Todavía te molestas exageradamente cuando no te tratan con respeto? ¿Cuándo las personas mienten? ¿Cuándo las personas te decepcionan? ¿Tienes una necesidad exagerada de ser amado, de mostrarte triunfador o de sentirte importante?

¿Todavía te cuesta mucho controlar tus emociones cuando tienes que hablar sobre algo que piensas que no es correcto? ¿Todavía te imaginas cómo es el comportamiento masculino saludable? ¿Te desquitas por tu dolor con las personas que amas: tu esposa, hijos, familia, amigos o colegas?

El síntoma más claro de mi cojera, por ejemplo, es que aún soy propenso a ver todo a través de los lentes del abandono. Todos los días estoy tentado a pensar que la gente en realidad no se preocupa por mí; aun cuando sé que esa es una mentira que viene directamente de los labios del maligno. Esta es la característica número uno de la lista principal de las nueve que comparten los niños quebrantados.

Tengo terror a ser abandonado de nuevo, lo cual se siente como un golpe en el estómago. Mis momentos más bajos siempre fueron cuando me sentí excluido, abandonado, subestimado o cuando mis opiniones no fueron tenidas en cuenta. Tan pronto como tenía un pensamiento de ese estilo: *Ya no me quieren*, me desinflaba totalmente. Luego estaba tentado a convencerme de que yo tampoco los quería.

El abandono es parte de mi historia. Y los efectos residuales de esa realidad me hacen susceptible a los estallidos emocionales. Es parte de mi cojera.

Por la gracia de Dios y el poder del Espíritu Santo, en raras ocasiones me dejo llevar por esa tentación. Pero cuando me olvido de ponerme mis lentes espirituales para corregir el abandono, eso es lo primero que veo.

¿El segundo síntoma más pronunciado de mi cojera? Es la característica número dos: soy hipersensible y, a menudo, leo erróneamente las intenciones de las personas. Tengo un sentido generalizado de que no soy lo suficientemente bueno para merecer su amor. Es una inseguridad residual; el tercer síntoma más prominente de mi cojera (la quinta característica de nuestra lista principal). Esa es una de las razones por la cual valoro tanto la motivación constante.

Mi cojera explica por qué mantuve un círculo íntimo pequeño. Todos mis mejores amigos fueron hombres que me amaron y respetaron de manera incondicional. Nunca sentí que me juzgaran ni que me traicionarían ni que me abandonarían, aun cuando tuviéramos conflictos ocasionales. Nunca dudé de su preocupación por mí tanto como yo mi preocupación por ellos.

Algunas personas podrían decir que soy un producto dañado. Algunos podrían decir que tú también lo eres. Yo respondería como el apóstol Pablo, quien compartió esta experiencia acerca de su propia cojera:

> En tres ocasiones distintas, le supliqué al Señor que me la quitara. Cada vez él me dijo: «Mi gracia es todo lo que necesitas; mi poder actúa mejor en la debilidad». Así que ahora me alegra jactarme de mis debilidades, para que el poder de Cristo pueda actuar a través de mí. Es por esto que me deleito en mis debilidades, y en los

insultos, en privaciones, persecuciones y dificultades que sufro por Cristo. Pues, cuando soy débil, entonces soy fuerte.

2 CORINTIOS 12:8-10

Espero que con el tiempo te recuperes por completo. Oro para que Dios restaure cada resto de quebrantamiento. No obstante, si ruegas y Dios no te restaura por completo, que este pasaje sea tu compañero constante, así como lo es para mí.

EVALUANDO TU COJERA

Si te rompiste la pierna gravemente y sacas turno para fisioterapia después de que se sana, lo primero que hará el fisioterapeuta es evaluar en qué condiciones estás hoy. Luego te preguntará: «¿Cuáles son tus metas? ¿Qué porcentaje de movilidad te gustaría recuperar?».

Ese es un buen método para crear una imagen precisa de tu cojera emocional hoy y hasta dónde quisieras llegar.

En el espacio provisto, marca el «dolor emocional» de tus heridas de la niñez; (1) cuando comenzaste este libro, (2) ahora, y (3) dónde esperas estar en cinco años respecto a cada una de las nueve características. Mientras que la escala Wong-Baker es solo para el dolor físico, quizás te resulte útil remitirte al cuadro de la página 170.

Por ejemplo:

	CUANDO COMENZASTE	HOY	EN CINCO AÑOS
Te cuesta creer que la gente en realidad se preocupa por ti.	7	5	2

Ahora considera los niveles de tus dolores pasados y de los actuales, así como tus metas para la recuperación:

9 CARACTERÍSTICAS	CUANDO COMENZASTE	HOY	EN CINCO AÑOS
1. Te cuesta creer que la gente en realidad se preocupa por ti.			
2. Eres demasiado sensible y con frecuencia interpretas mal la intención de la gente.			
3. Te enojas con facilidad.			
4. No estás seguro de cómo es el compartimiento masculino saludable.			
5. Eres inseguro y necesitas que te motiven constantemente.			
6. Cambias de humor de manera dramática y no sabes por qué.			
7. Eres o «el hijo responsable» o especialmente inmaduro para tu edad.			
8. No puedes deshacerte de las voces negativas de tu cabeza.			
9. Te alejaste de los miembros de tu familia emocional o físicamente.			

¿Qué aprendiste acerca de la seriedad de las heridas de tu niñez a partir de este ejercicio? Tómate un tiempo para reconocer y celebrar el avance que hiciste hasta ahora. ¿En qué aspectos de tu vida todavía estás vulnerable a las explosiones emocionales que te hacen caminar cojeando?

Analicemos el proceso bíblico para transformar tu cojera en gozo.

EL PROPÓSITO MÁS AMPLIO DE DIOS

Escuché una historia acerca de un grupo de mujeres que estaban leyendo Malaquías 3:2, versículo en el cual se hace referencia a Jesús como el «fuego abrazador que refina». Para satisfacer su curiosidad, una de las mujeres hizo un acuerdo con un orfebre para verlo trabajar.

El orfebre tomó la plata pura y la colocó en la parte más caliente del fuego, explicándole que eso era esencial para quemar las impurezas.

La mujer miró por un tiempo y luego le preguntó:

—¿Tienes que sentarte aquí todo el tiempo?

—Oh, sí —respondió él—. Tengo que estar aquí todo el tiempo porque si no lo hiciera, el proceso de refinado se extendería demasiado y destruiría la plata.

Entonces, a la mujer le vino a la mente Malaquías 3:3, donde dice: «Se sentará como un refinador de plata».

Después de observar por un poco más de tiempo, le preguntó:

—¿Cómo sabes cuándo la plata está apropiadamente refinada?

—Ah, eso es simple —respondió el orfebre—. Cuando me puedo ver reflejado en la plata, sé que mi trabajo está completo.

Santiago 1:2-4 dice:

Amados hermanos, cuando tengan que enfrentar
cualquier tipo de problemas, considérenlo como un
tiempo para alegrarse mucho porque ustedes saben
que, siempre que se pone a prueba la fe, la constancia
tiene una oportunidad para desarrollarse. Así que dejen
que crezca, pues una vez que su constancia se haya
desarrollado plenamente, serán perfectos y completos, y
no les faltará nada.

El «lo» se refiere a tus *circunstancias*; incluyendo la gente y las situaciones que hacen que una de las nueve características asome su horrible cabeza.

«Cualquier tipo de problemas» son los síntomas residuales que estallan.

«Pone a prueba la fe» es la forma en que Dios está trabajando en tus explosiones para refinarte.

Tú y yo podemos manejar casi cualquier cantidad de pruebas si pensamos que tiene un propósito superior. Hay consuelo *en* la prueba porque hay un propósito *para* la prueba. El propósito de la prueba es producir la «constancia» que nos ayude a volvernos «perfectos y completos, y no nos faltará nada»; como la plata refinada que refleja la imagen de Jesús.

Por esa razón, Santiago dice que debemos considerar nuestras circunstancias como «un tiempo para alegrarse mucho». Su consejo se alinea con el de Jesús, Pedro y Pablo[1].

Tu gozo no tiene que depender de tus circunstancias. Por el contrario, el gozo es la actitud del hombre que entiende el propósito superior de lo que Dios está haciendo en sus circunstancias.

¿Y SI DIOS NO TE QUITA NUNCA LA COJERA?

Kintsugi es el arte japonés de reparar cerámica rota, el cual usa oro para reparar las rajaduras. Al atraer la atención hacia las imperfecciones en lugar de esconderlas, los artesanos de kintsugi crean algo que no solo es más fuerte de lo que era, sino que tiene más carácter y belleza.

En lugar de tratar de esconder tu cojera, reconócela. Hay gozo en aceptar que la cojera es normal; incluso hermosa.

La disfunción es tan común que no hay necesidad de usar la

letra escarlata de la vergüenza ni de ser un estigma. Por el contrario, la vulnerabilidad personal —permitirles a los demás que vean tu cojera— le da a la gente una razón para identificarse contigo en un nivel más personal.

Una vez que el apóstol Pablo aceptó que Dios no iba a quitarle la cojera, dio un giro y dijo: «Así que ahora me alegra jactarme de mis debilidades, para que el poder de Cristo pueda actuar a través de mí» (2 Corintios 12:9). Aceptar que quizás tengas una cojera que no se sanará por completo te dará poder sobre ella.

Entender tu cojera es fundamental para quebrar el ciclo vicioso. Así de importante es reconocer que usaste tus viejas heridas como arma. Volveremos a tratar eso después de las preguntas de reflexión y discusión.

REFLEXIÓN Y DISCUSIÓN

1. ¿En este momento cuánto dolor emocional tienes? ¿Cómo se compara al dolor que tenías cuando comenzaste?

2. ¿Cómo describirías tu cojera? Vuelve a mirar tu valoración en la página 175.

3. ¿Cómo responderías si tu cojera nunca desapareciera? Utiliza la respuesta de Pablo en 2 Corintios 12:8-10 como un modelo para tu respuesta.

4. Una idea clave para este capítulo es «el gozo es la actitud del hombre que entiende el propósito superior de lo que Dios está haciendo en sus circunstancias». ¿Escoges o puedes escoger el gozo ante el dolor; a pesar de que tengas que renguear por el resto de tu vida?

15

RECONOCIENDO LAS FORMAS EN QUE USASTE TUS HERIDAS COMO ARMA

CUANDO ABANDONÉ LA PREPARATORIA, mi papá me llevó en su auto al centro de reclutamiento del ejército. En esa época mi papá tenía dolores de cabeza constantes y había planeado hacer revisar la prescripción de sus lentes. Sin embargo, una vez que me fui sus dolores de cabeza terminaron.

Hasta ahora, nos hemos enfocado en el daño que nos hicieron. Ahora llegamos al punto en que debemos analizar el daño que *hemos hecho*.

Solía usar como arma las heridas de mi niñez portándome mal con mi padre, madre, hermanos, esposa e hijos. Por ejemplo, un supuesto desprecio por pequeño que fuera reforzaba el discurso «nadie me quiere» y, como resultado, gritaba enojado o hacía berrinches o ambas cosas. No tenía la intención de hacerlo, pero sucedía. Quizás hacías o estás haciendo lo mismo.

Para romper auténticamente el ciclo vicioso, debemos reconocer todas las formas en que solíamos usar como arma nuestras heridas de la niñez y buscar el perdón.

El enfoque en esta etapa de la sanidad es confesar si tomabas represalias por lo que te sucedió o lo magnificabas, disculparte, reparar los daños y pedir perdón.

Dicho eso, vale la pena mencionarlo de nuevo: bajo ninguna circunstancia eres responsable de disculparte o pedir perdón por comportamiento abusivo contra tu persona, haya sido físico, emocional o sexual, aun cuando alguien trate de culparte de alguna manera o manipularte para que pienses que fue tu culpa.

Más bien, el propósito de este capítulo es doble: (1) llevarnos a ser humildes, a sentir la tristeza que viene de Dios y a arrepentirnos por la forma en que tal vez herimos a otros; a menudo de la misma manera en que fuimos heridos, repitiendo el ciclo vicioso; y (2) proveer un modelo para la acción, el cual podemos adaptar a nuestras necesidades.

INICIANDO EL CAMBIO

En este libro, siempre estoy a tu favor y deseo lo mejor para ti. Siguiendo esa línea de pensamiento, para que puedas avanzar al siguiente nivel en la sanidad de tus heridas y romper el ciclo de manera auténtica, debes reconocer tus equivocaciones, tus errores de juicio y tus propios pecados. Una vez que lo hagas, es como el momento en que se encienden lo motores de un cohete. El apóstol Juan escribió:

> Si afirmamos que no tenemos pecado, lo único que hacemos es engañarnos a nosotros mismos y no vivimos en la verdad; pero si confesamos nuestros pecados a Dios, él es fiel y justo para perdonarnos nuestros pecados y limpiarnos de toda maldad.
>
> 1 JUAN 1:8-9

El líder más famoso del segundo gran avivamiento, Charles Finney, comentó: «Es extremadamente importante que hagamos sentir su culpa a los pecadores, y no dejemos que tengan la impresión de que son desafortunados»[1].

De la misma manera, el apóstol Pablo entendió que no podemos avanzar hasta que sintamos todo el peso de la gravedad de nuestra pecaminosidad. Aun así, lo entristecía confrontar a la gente que tanto amaba. Escribió:

> No lamento haberles enviado esa carta tan severa, aunque al principio sí me lamenté porque sé que les causó dolor durante un tiempo. Ahora me alegro de haberla enviado, no porque los haya lastimado, sino porque el dolor hizo que se arrepintieran y cambiaran su conducta. Fue la clase de tristeza que Dios quiere que su pueblo tenga, de modo que no les hicimos daño de ninguna manera. Pues la clase de tristeza que Dios desea que suframos nos aleja del pecado y trae como resultado salvación. No hay que lamentarse por esa clase de tristeza; pero la tristeza del mundo, a la cual le falta arrepentimiento, resulta en muerte espiritual. ¡Tan solo miren lo que produjo en ustedes esa tristeza que proviene de Dios! Tal fervor, tal ansiedad por limpiar su nombre, tal indignación, tal preocupación, tal deseo de verme, tal celo y tal disposición para castigar lo malo. Ustedes demostraron haber hecho todo lo necesario para corregir la situación.
>
> 2 CORINTIOS 7:8-11

Me preocupo por ti de la misma manera. Mi propósito en este capítulo no es desenterrar recuerdos dolorosos, ni acusarte, ni avergonzarte. Por el contrario, es guiarte a la vida y al crecimiento.

Arrepentirse, para nuestro objetivo, significa reconocer por completo las formas en que hemos usado como arma nuestras heridas de la niñez. Lo hacemos reconociendo nuestros pecados, asumiendo la responsabilidad plena por estos, diciendo: «Lo siento», explicando por qué sentimos la necesidad de disculparnos, pidiendo perdón y comprometiéndonos seriamente a cambiar nuestra forma de ser.

Pero ¿cómo hacemos esto, exactamente? Continuemos excavando hasta que tengamos una imagen clara de los pasos que cada uno de nosotros necesita dar.

RECONOCIENDO LO QUE HICISTE

Como manifesté anteriormente, casi todos los programas de recuperación efectivos abordan las necesidades del alma. Sin embargo, gran parte del éxito que tienen también depende de otro componente esencial: reconocer los errores personales.

Analicemos de cerca los pasos cuatro al diez de los Alcohólicos Anónimos porque pintan un cuadro casi perfecto de la forma en que puedes reconocer tus errores y pecados:

4. Sin miedo hicimos un minucioso inventario moral de nosotros mismos.
5. Admitimos ante Dios, ante nosotros mismos y ante otro ser humano, la naturaleza exacta de nuestros defectos.
6. Estuvimos enteramente dispuestos a dejar que Dios nos liberase de todos estos defectos de carácter.
7. Con humildad le pedimos que nos liberase de nuestros defectos.
8. Hicimos una lista de todas aquellas personas a quienes habíamos ofendido, y estuvimos dispuestos a reparar el daño que les causamos.

9. Reparamos directamente a cuantos nos fue posible el daño causado, excepto cuando el hacerlo implicaba perjuicio para ellos o para otros.

10. Continuamos haciendo nuestro inventario personal y cuando nos equivocábamos lo admitíamos de inmediato[2].

He aquí una guía que puedes usar, adaptada a partir de esos pasos, para quebrar el ciclo vicioso en tu propia vida. (En la sección «Reflexión y discusión», tendrás la oportunidad de trabajar en estos pasos).

1. Haz un inventario moral de ti mismo minucioso y valiente.

2. Admite ante Dios, ti mismo y otra persona la naturaleza exacta de tus pecados.

3. Prepárate para que Dios quite todos tus defectos.

4. Pídele a Dios con humildad que se lleve cualquiera de las nueve características que te describan.

5. Haz una lista de todas las personas a quienes heriste y repara el daño que hiciste a cada una de ellas, si fuera posible.

6. Continúa evaluándote y apresúrate a confesar cuando estés equivocado.

RECONOCIENDO MIS ERRORES: UN EJEMPLO

En una ocasión cuando me estaba preparando para enseñar un estudio bíblico sobre la ira, leí lo siguiente: «No permitas que el enojo domine tu espíritu, porque el enojo se aloja en lo íntimo de los necios» (Eclesiastés 7:9, NVI).

Todos nos enojamos. Pero «que el enojo domine tu espíritu» es más que eso. Es la característica número tres: «Te enojas con facilidad».

Después de leer ese versículo, me sentí impulsado a escribir una carta a nuestros hijos jóvenes adultos en quienes solía descargar mi ira. Con el permiso de ellos, incluí la versión sin editar aquí para darte un ejemplo de cómo fue cuando reflexioné, reconocí mis errores y asumí toda la responsabilidad[3]:

Jen y John:

Ha sido un viaje interesante desde que mi papá y mi mamá fallecieron. Cuando mi madre falleció, no la extrañé realmente y pensé que eso era bastante raro. Entonces, como ustedes saben, recibí consejería lo cual fue muy útil. Pero, como pasa con todos los asuntos del corazón y los puntos de vista, es un proceso de largo plazo.

Estoy enseñando de nuevo The Man in the Mirror (El hombre frente al espejo) en un «remix». Ayer hablé sobre ira. En las últimas semanas que pasaron estuve leyendo varios libros y pensando acerca del tema.

La conclusión es que por primera vez me catalogué en una categoría a la cual estuve llamando «un espíritu enojado».

Le dije a mis hombres que hay dos lugares donde un espíritu enojado tiende a manifestarse: el hogar y el trabajo. Pero en el trabajo, las consecuencias son tan catastróficas para el empleo, la identidad, etcétera que el hombre se obliga a controlarse. Ciertamente, nunca perdí los estribos en la oficina. Por el contrario, como les dije a mis hombres, acumulaba la ira y la traía a casa.

También les enseñé a mis hombres que, por lo general, los hombres que fueron criados bien por su padre no están enojados y que los hombres que no fueron criados bien por su padre están enojados. Queda claro que son generalizaciones, pero por lo general son verdaderas. La ira que resulta de eso es «dejarse llevar libremente». En otras palabras, el hombre está enojado, pero en realidad no sabe por qué. De hecho, como me sucede a mí, quizás simplemente se niega a admitir que tiene un espíritu enojado.

Tengo muchas razones para escribirles hoy. La primera es para decirles que estoy completamente fuera de la negación. El viernes les confesé a mis hombres que tuve un «espíritu enojado» el mayor tiempo de mi vida. Estoy agradecido a Dios porque parece que este espíritu enojado se fue en los últimos años.

La segunda razón es para decirles que tuve que hacer duelo por lo mucho mejor que pudo haber sido; tanto con mi papá como con ustedes y su madre. La tercera razón es para decirles que me arrepentí ante Dios con una tristeza que proviene de él como dice 2 Corintios 7:11.

La razón final para escribirles es disculparme con ustedes. En las últimas semanas, en especial, Dios trajo a mi mente la mayoría de las veces que exploté y perdí los estribos de manera inapropiada con cada uno de ustedes. Fue doloroso, sin embargo, también cambió mi historia acerca de mí mismo.

La negación es una fuerza mucho más fuerte de lo que entendía. No obstante, ya no estoy en negación. Sinceramente, es vergonzoso confesarles esto a ustedes porque toda mi vida quise ser el padre perfecto y ahora me doy cuenta de que no lo fui. Eso era lo que más quería hacer con mi vida. Les pido, por favor, que me perdonen. Quiero perdonarme a mí mismo, pero me resulta difícil porque no les había planteado esto todavía.

Los quiero muchísimo y siempre deseé su bienestar y trabajé para ese fin. No obstante, ahora me doy cuenta de que para

darles paz completa debo aceptar la responsabilidad por tener
un espíritu enojado cuando estaban creciendo.

Si alguno leyera esta carta, no escucharía sobre todos
los momentos grandiosos, pero ese no es mi propósito hoy.
Ya trabajé en esto con su madre. Hoy, les estoy pidiendo que
me perdonen por las formas en que mi espíritu enojado los hirió
y los entrego a Dios en oración para que sane sus corazones.

Estoy consciente también de que, tal vez, tengan algunas
cosas que necesitan o quieren decir o preguntarme antes de
perdonarme. Recibiré de buena manera la oportunidad
de saber qué piensan sobre esto. Haré lo que sea por ustedes.

Los quiero con todo mi corazón,
Papá

La gracia que manifestaron nuestros dos hijos en sus cartas de respuesta no se puede expresar con palabras. Mi corazón se llenó de paz después de confesar mi pecado y pedir que me perdonaran.

Este extracto de la carta de nuestra hija revela el punto crucial del proceso: «Dios es tan bueno y fiel para derrumbar nuestras negaciones y defensas, aunque sea doloroso».

¿Permitirías que Dios trabajara en tu corazón y te guiara a través de un proceso similar? La parte difícil es humillarse uno mismo. Una vez que lo hiciste, el resto es fácil en comparación con eso.

REFLEXIÓN Y DISCUSIÓN

1. ¿Quiénes son las personas a las cuales debes pedir perdón?

2. Usando los siguientes «6 pasos de responsabilidad» como modelo para la acción, escribe tu plan para reconocer que utilizaste como arma tus heridas de la niñez.

6 PASOS DE RESPONSABILIDAD	PLAN DE MUESTRA	MI PLAN
1. Haz un minucioso y valiente inventario moral de ti mismo.	Escribiré una carta reflexiva a mi esposa e hijos.	
2. Admite ante Dios, ti mismo y otra persona la naturaleza exacta de tus pecados.	Le contaré lo que hice a mi grupo de discusión del libro.	
3. Disponte para que Dios quite todos tus defectos.	Aceptaré la disciplina de Dios como la de un padre que ama a su hijo.	

6 PASOS DE RESPONSABILIDAD	PLAN DE MUESTRA	MI PLAN
4. Pídele a Dios con humildad que se lleve cualquiera de las nueve características que te describan.	Le pediré a Dios fortaleza para cambiar las nueve características.	
5. Haz una lista de todas las personas a quienes heriste y repara el daño que hiciste a cada una de ellas, si fuera posible.	Haré una lista de todas las personas a quienes les hice daño y les pediré perdón.	
6. Continúa evaluándote y apresúrate a confesar cuando estés equivocado.	Permaneceré en un grupo pequeño donde podamos rendirnos cuentas los unos a los otros.	

3. Para las personas que identificaste en el paso 5 de arriba, ¿que sería lo mejor?, ¿escribirles una carta o sentarte con ellas para hablar cara a cara? Ponte una fecha límite y mantenla. Te prometo, será uno de los pasos más liberadores y sanadores que habrás tomado. Y si las personas con quienes quieres disculparte, tal como uno de tus padres o hijos, están muertas o no están dispuestas a responder, todavía tienes opciones. Considera escribirles lo que quieres decirles y, luego, comparte tu carta con tu esposa, un amigo cercano o tu grupo pequeño. También puedes visitar un lugar significativo, tal como una iglesia o cementerio, para decir lo que necesitas decir.

16

CAMBIANDO LA TRAYECTORIA DE TU MATRIMONIO

MIENTRAS ESTÁBAMOS DE NOVIOS, mi esposa me dijo: «Cuando nos conocimos por primera vez, me sorprendió el hecho de que tu padre les permitiera a ustedes, los cuatro muchachos, que le hablaran tan irrespetuosamente a su madre. Mi papá nunca hubiera permitido que eso sucediera». Ella recuerda que dejé de hacerlo una vez que ella me lo hizo notar.

Basado en la experiencia que tuve mientras crecía, llegué al matrimonio con una mezcolanza de puntos de vista distorsionados en lo que respecta ser un buen esposo. De seguro te pasó lo mismo. Los recuerdos de la niñez pueden distorsionar nuestra imagen de lo que es un buen esposo.

EL PROBLEMA

El lugar número uno donde se manifestarán los estallidos emocionales causados por las heridas de la niñez es en tu matrimonio. ¿Algunas de estas cosas te suenan familiares?

- Todavía estás reaccionando exageradamente (o eres indiferente) con tu esposa.
- Te irritas cuando ella sugiere que podrías estar equivocado.
- Haces berrinches cuando no te da suficiente atención porque está cansada después de cuidar a los niños.
- Te enojas o te vuelves inseguro (o ambas cosas) cuando ella no te habla con tu lenguaje del amor tan a menudo como desearías que lo hiciera.

Si vas a tener una explosión, ¿dónde crees que sucederá? ¿En el trabajo? No es muy probable porque allí los riesgos son muy altos. Allí te mantendrás en calma debido a la gran posibilidad de perder tu reputación, de sabotear las oportunidades de lograr un ascenso o, incluso, la posibilidad de perder tu empleo.

Por el contrario, tendemos a acumular los sentimientos negativos y a traerlos a casa. Luego algunos asuntos insignificantes nos hacen perder los estribos porque ya estábamos exasperados. Para empeorar las cosas, exageramos por completo en nuestra percepción de la ofensa debido al dolor residual causado por nuestras heridas de la niñez.

¿QUÉ ESTÁ SUCEDIENDO?

Si estás luchando con una herida que todavía está abierta o todavía tienes explosiones emocionales, ¿no te parece que tiene mucho sentido que tus relaciones más personales, frecuentes e intensas sean las más vulnerables?

El matrimonio es la relación humana más íntima que existe, no hay nada que se le iguale. El matrimonio puede ser la relación más segura y cómoda de todas; ese lugar donde, sin importar lo que haya sucedido hoy, tú sabes que tu esposa te amará y te aceptará como eres. Y es, a la vez, la relación más intensa y más potencialmente volátil de todas las relaciones posibles.

Si tu matrimonio está sufriendo debido a demasiadas explosiones emocionales causadas por las heridas de la niñez que permanecen, este capítulo te ayudará a entender qué está sucediendo, por qué y lo que puedes hacer acerca de eso. Te voy a mostrar cómo responder con madurez y, en especial, con madurez espiritual. No lo vas a hacer bien *todas* las veces, pero puedes mejorar *con el tiempo*.

HACIÉNDOLE A ELLA LO QUE TE HICIERON A TI

Si eres casado, ¿puedes imaginarte a tu esposa haciendo algunas de estas declaraciones para describirte?:

- «Mi esposo es hipersensible; camino en puntas de pie».
- «Tiene cambios dramáticos de humor».
- «Es obsesivamente ambicioso y tiene muy poco tiempo para mí».
- «Es inmaduro y no asume responsabilidad por las cosas».
- «Es negativo».
- «Es despiadado y guarda resentimientos».
- «Se desquita conmigo por sus frustraciones».

Este es el centro del problema: si tienes heridas sin sanar, corres el riesgo de repetir el ciclo vicioso (en forma parcial o completa). Así como pensaste que tus padres eran pasivos, ausentes, permisivos, propiciadores, malhumorados, exigentes o denigrantes, tu esposa podría pensar lo mismo acerca de ti, con distintos grados de intensidad.

La buena noticia es que esta no es una cadena perpetua. A medida que vayas sanando, las brechas en tu matrimonio se irán sanando también. Déjame mostrarte cómo hacer algo heroico por tu matrimonio.

VISIÓN CORREGIDA PARA TU MATRIMONIO

Cuando el oculista te recomienda lentes, la meta es corregir las distorsiones que tu visión tenga. Como un par de lentes espirituales, el proceso bíblico para la sanidad de las heridas de la niñez corregirá las perspectivas distorsionadas que tengas acerca del matrimonio. ¿Cuán clara es tu visión en lo que respecta al matrimonio y a tu función de esposo?

El apóstol Pablo nos muestra una imagen clara de cómo los esposos y las esposas pueden tener un matrimonio saludable y feliz. La parte esencial de este mensaje es la idea de *sumisión mutua*, descripta en su carta a los efesios.

Los versículos 21 y 33 del capítulo 5 delimitan el pasaje con una amonestación a practicar el amor mutuo, el respeto mutuo y la sumisión mutua. El primer límite, el versículo 21: «Es más, sométanse unos a otros por reverencia a Cristo».

El versículo 33, el otro límite, concluye con una especie de sumisión mutua que necesitamos el uno del otro: «Por eso les repito: cada hombre debe amar a su esposa como se ama a sí mismo, y la esposa debe respetar a su marido».

Para ti, sumisión mutua significa que te sientes respetado por tu esposa. Para ella, sumisión mutua significa que ella siente que la amas, así como te amas a ti mismo.

Pablo se dirige a los esposos de manera directa en los versículos 5:25-32 Para explayarse respecto a cómo es esto:

> Para los maridos, eso significa: ame cada uno a su esposa tal como Cristo amó a la iglesia. Él entregó su vida por ella a fin de hacerla santa y limpia al lavarla mediante la purificación de la palabra de Dios. Lo hizo para presentársela a sí mismo como una iglesia gloriosa, sin mancha ni arruga ni ningún otro defecto. Será, en cambio, santa e intachable. De la misma manera, el marido debe amar a su esposa como ama a su propio cuerpo. Pues un hombre que ama a su esposa en realidad demuestra que se ama a sí mismo. Nadie odia su propio cuerpo, sino que lo alimenta y lo cuida tal como Cristo lo hace por la iglesia. Y nosotros somos miembros de su cuerpo. Como dicen las Escrituras: «El hombre deja a su padre y a su madre, y se une a su esposa, y los dos se convierten en uno solo». Eso es un gran misterio, pero ilustra la manera en que Cristo y la iglesia son uno.

Pablo hace un gran llamado a actuar a los hombres casados: «Ame cada uno a su esposa tal como Cristo amó a la iglesia. *Él entregó su vida por ella*». Desde el principio, Pablo está diciendo que la receta bíblica para corregir las distorsiones de tu visión acerca del matrimonio es el amor sacrificial.

Pero más allá del sacrificio, ¿cómo amó Cristo a la iglesia? ¿Cuál es el modelo que se espera que imitemos a un nivel práctico, todos los días?

«Cristo» es un título para Jesús que hace referencia a sus roles de profeta, sacerdote y rey de su iglesia. Escribí de manera extensa acerca de este pasaje en otro lado, pero permíteme resumir cómo puedes esforzarte para amar a tu esposa de esta manera, teniendo en cuenta la guía de Pablo.

El rol de un profeta

La esencia de la vida de un profeta es el compromiso de escuchar a Dios y, luego, compartir el mensaje de Dios con los demás.

Puedes ayudar a tu esposa a crecer en la fe leyendo la Palabra de Dios para ti mismo, compartiendo con ella lo que estás leyendo, teniendo conversaciones espirituales y guiando a tu familia a participar en la iglesia y en los devocionales.

Si todavía no tienes tiempo para pasar con Dios en tu rutina diaria, ese sería tu primer paso para amar a tu esposa como lo haría un profeta.

El rol de un sacerdote

En el Antiguo Testamento, el sacerdote era el mediador entre Dios y el pueblo. Ahora, Jesús es nuestro Sumo Sacerdote quien hace de mediador por nosotros (ver Hebreos 4:14-16).

Sin embargo, puedes amar a tu esposa como un sacerdote apoyándola y orando por ella. Pasa tiempo en oración todos los días, y trae las necesidades y preocupaciones de tu esposa ante Dios. Tú podrías ser la única persona en todo el mundo que ora por ella de manera regular.

El rol de un rey

Jesús, a quien se hace referencia como el Rey de reyes, vivió como un siervo humilde. Con ese modelo en mente, el rol de un rey tiene tres aspectos: (1) guiar, (2) proveer y (3) proteger.

Puedes amar a tu esposa como lo haría un rey guiándola con el ejemplo hacia Cristo y no lejos de él.

Proveyendo para ella como un rey que trabaja diligentemente para darle estabilidad; satisfaciendo sus necesidades físicas, por supuesto, pero también sus necesidades emocionales.

Protegerla involucra mantenerla a salvo de daño físico, sin lugar a dudas. No obstante, también debes protegerla de peligros emocionales y espirituales; esto incluye protegerte de la tentación porque si la pusieras en práctica, podría dificultar tu relación con tu esposa.

Con Jesús como tu modelo, tu actitud debería ser «Necesito ser un gran rey porque mi esposa necesita ser tratada como una gran reina».

REESTRUCTURANDO LA VISIÓN PARA TU MATRIMONIO

Son las 3:00 a.m. Te despiertas y comienzas a repasar en tu mente lo que sucedió ayer con tu esposa. Cuando ella se levanta, estás dando vueltas por ahí con los sentimientos heridos y rencor en tu corazón. ¿Qué puedes hacer para mantener el control y no decir o hacer algo estúpido?

A continuación, encontrarás algunos pasos prácticos para quebrar el ciclo vicioso, los cuales pueden ayudarte a reestructurar la manera de pensar acerca de tu esposa; no solo durante momentos como estos, sino también antes de que esos momentos te sorprendan.

Aumenta el entendimiento de ti mismo

Este es el problema de suponer rápidamente por qué tu esposa está comportándose de una menara determinada: tu interpretación tiene las mismas posibilidades de ser correcta como incorrecta.

La naturaleza humana nos empuja a atribuir motivaciones al comportamiento y a las acciones de los demás, aun cuando no sabemos con certeza cuáles son. Y la atribución, por lo general, es negativa. Además, lo que piensas sobre las motivaciones desconocidas de los demás a menudo reflejan cuáles serían *tus* motivaciones en la misma situación.

En lugar de apresurarte a asignar una motivación, tómate un tiempo para calmarte y pensar. Una buena regla general es no decir nada si no sabes con certeza de lo que estás hablando. Parafraseando al humorista Sam Levenson: es fácil ser sabio, solo piensa en algo estúpido y no lo digas.

Luego, una vez que estés calmado, trata de identificar las emociones que estás sintiendo, tal como ira o autocompasión. ¿La emociones que identificaste, cualesquiera sean, se relacionan con alguna de las nueve características?

Cuando hayas encontrado la raíz de donde viene la emoción, considéralo una epifanía para ti. Aprovecha el hecho de que creciste en el entendimiento de ti mismo para ajustar la historia que estuviste contándote acerca de tu esposa.

Pide ayuda a Dios

En el momento en que experimentes pensamientos negativos o una emoción intensa en respuesta a un detonante o conflicto, ora. Pídele a Dios sabiduría, poder y fortaleza para responder con madurez. Pídele que te llene con el Espíritu Santo.

De hecho, todas las cualidades que necesitas para no reaccionar exageradamente o con indiferencia se encuentran en el fruto que viene como consecuencia de ser lleno del Espíritu de Dios:

> En cambio, la clase de fruto que el Espíritu Santo
> produce en nuestra vida es: amor, alegría, paz, paciencia,
> gentileza, bondad, fidelidad, humildad y control propio.
> GÁLATAS 5:22-23

En contraste, *no* pedir ayuda a Dios y dejar que la ira siga su curso puede desencadenar una catástrofe: «Si están siempre mordiéndose y devorándose unos a otros, ¡tengan cuidado! Corren peligro de destruirse unos a otros» (Gálatas 5:15).

No obstante, cuando luchas en oración contra los pensamientos y las emociones negativas que amenazan con oprimirte, Dios te dará el fruto de su Espíritu para que puedas escoger de manera correcta: «Por eso les digo: dejen que el Espíritu Santo los guíe en la vida. Entonces no se dejarán llevar por los impulsos de la naturaleza pecaminosa. La naturaleza pecaminosa desea hacer el mal, que es precisamente lo contrario de lo que quiere el Espíritu. Y el Espíritu nos da deseos que se oponen a lo que desea la naturaleza pecaminosa» (Gálatas 5:16-17).

Renueva tu mente

Si estás cansado de que tus heridas de la niñez te controlen y quieres renovar tus pensamientos, corazón y respuestas, entonces, haz el compromiso de leer la Biblia con regularidad. Recomiendo que lo hagas cinco o más días a la semana; aun cuando solo sean dos o tres páginas por día.

La Biblia abrirá tu corazón y tu mente a una forma esencialmente diferente de verte a ti mismo, a tu esposa y al mundo:

> Pues la palabra de Dios es viva y poderosa. Es más
> cortante que cualquier espada de dos filos; penetra
> entre el alma y el espíritu, entre la articulación y
> la médula del hueso. Deja al descubierto nuestros
> pensamientos y deseos más íntimos.
>
> HEBREOS 4:12

Si no estás acostumbrado a leer la Biblia, comienza con el evangelio de Juan en el Nuevo Testamento. Tiene veintiún capítulos cortos; por lo tanto, puedes leer un capítulo por día y terminarlo en menos de un mes.

Luego, continúa leyendo otras partes del Nuevo Testamento. Por ejemplo, si lees cinco capítulos por semana, puedes leer los 260 capítulos del Nuevo Testamento en un año. ¡El impacto en tu vida, incluyendo tu matrimonio, será poderoso!

También soy un gran creyente en el poder de leer literatura cristiana. No creo en el poder de la literatura cristiana porque escribo libros; por el contrario, escribo libros porque creo en el poder de la literatura cristiana. En repetidas ocasiones pude ver como el hombre se hace de un libro para leer y luego Dios usa el libro para hacerse del hombre.

Estoy seguro de que algunas partes de este libro te resonaron más que otras. Mantenlo cerca para que puedas releer esas secciones cuando te sientas tentado a actuar por dolor; en especial si son las 3:00 a. m.

Añade a tu biblioteca otros libros con los cuales te sientas conectado, incluyendo libros sobre cómo fortalecer tu matrimonio.

Haz una lista

Louis Agassiz afirmó: «Un lápiz es uno de los mejores ojos»[1]. Escribir te puede proveer una perspectiva y una objetividad que de otra forma te resultaría difícil obtener.

Ya escribiste algo durante este proceso, tal como «La verdad que necesito enfrentar» en las páginas 87–88 del capítulo 7. ¿Por qué no continúas escribiendo y le añades a lo que escribiste?

Comienza un diario escribiendo los pensamientos o

sentimientos relacionados con tus heridas de la niñez en general; y sobre la forma en que afectan tu matrimonio en particular. No lo pienses demasiado; tu diario es solo para tu uso personal.

A continuación, encontrarás algunos temas simples para escribir, los cuales te ayudarán a comenzar. Pensando sobre tu esposa, haz una lista de sus fortalezas y todo lo que admires o valores acerca de ella. Un amigo dijo una vez: «No nos gusta aquello sobre lo cual no estamos informados». Teniendo eso presente, estar y mantenernos informados sobre las cosas positivas nos ayuda a no caer en espiral cuando enfrentamos desafíos. Por ejemplo:

- Ella es amable con los desconocidos.
- Tenemos el mismo sentido del humor.
- Es una madre grandiosa.
- Es una amiga fiel para nuestros vecinos.
- Tiene una fuerte ética de trabajo.
- Siempre dice «Gracias» cuando le abro la puerta.
- Dice la verdad, aun cuando duela, pero lo hace con gracia.

¿Cuáles están en tu lista? Deja que esos pensamientos sean la historia que repites una y otra vez en tu mente.

Después de que hayas escrito todos los aspectos positivos, solo entonces, debes escribir lo que te molesta. Por ejemplo, podrías escribir que estás enojado porque sientes que tu esposa no se preocupa en realidad por ti. Podrías descubrir que tus frustraciones y sentimientos negativos se ven diferente para ti (a) cuando están escritos y (b) en el contexto de los aspectos positivos.

CONCLUSIÓN

Debido a tus heridas de la niñez, todo fue unipersonal para ti por décadas, entonces, sé paciente y dales tiempo a los cambios que estás haciendo para que se vuelvan parte de ti.

Sobre todo, si permites que Dios corrija tu visión donde necesite ser corregida y permites que estos principios bíblicos penetren tu corazón, cambiarás la trayectoria de tu matrimonio. Con el tiempo podrás detener la mayoría de las reacciones exageradas e indiferentes que estuviste dirigiendo hacia tu esposa.

REFLEXIÓN Y DISCUSIÓN

1. Si eres casado, ¿cuál es la herida o explosión emocional que rutinariamente sabotea tu matrimonio?

2. ¿Qué te gustaría comenzar a hacer para amar a tu esposa como Cristo amó a la iglesia, usando los tres roles (profeta, sacerdote, rey) descritos en este capítulo?

3. «Necesito ser un gran rey porque mi esposa necesita ser tratada como una gran reina». Si quieres que esa idea sea tu actitud, comienza haciendo una lista de las fortalezas de tu esposa y lo que admiras y valoras acerca de ella. Usa un diario o el espacio que se encuentra abajo:

_____

_____

_____

_____

_____

_____

_____

_____

_____

_____

_____

_____

_____

_____

_____

_____

_____

_____

17

CRIANDO A TUS PROPIOS HIJOS

CUANDO PATSY Y YO TRAJIMOS DEL HOSPITAL a casa a nuestra primera hija, los tres estábamos exhaustos. Me acosté y acuné a nuestra nueva hija sobre mi pecho. La calidez de aquel pequeño cuerpo, aquella personita que ayudé a crear, y el pum, pum, pum de su corazón del tamaño de una bellota serán un recuerdo que estará entre mis diez recuerdos favoritos por siempre.

Si te pareces en algo a mí, nada es más importante que darles a tus hijos lo que no tuviste. No obstante, ese latido me sacudió y me hizo volver a la realidad: *No tenía ni idea de cómo ser padre.*

Debido a que creciste en una familia disfuncional, como yo, tendrás que adivinar cuál es el comportamiento masculino normal; esto incluye cómo ser un padre grandioso. En este capítulo, verás el plan maestro de Dios sobre cómo ser el papá grandioso que marca la diferencia.

El plan es un concepto llamado *paternar centrado en el corazón*. Tiene el poder para quebrar el ciclo de abandono y el abuso intergeneracional. La crianza que se enfoca en el corazón de los hijos es el camino para darles el cóctel correcto de amor, estructuras, raíces y alas.

PATERNAR CENTRADO EN EL CORAZÓN VERSUS PATERNAR CENTRADO EN EL COMPORTAMIENTO

Ser un padre enfocado en el *comportamiento* es lo opuesto a ser un padre enfocado en el *corazón*. Quien vive la paternidad enfocado en el comportamiento no tiene en cuenta el amor y las estructuras. En lugar de eso, se limita a tratar de lograr que los hijos se comporten apropiadamente. Las metas de la paternidad para alguien que está centrado en el comportamiento incluyen asegurarse de que sus hijos:

- conozcan su lugar y se queden en él,
- le muestren respeto,
- saquen buenas notas para que su padre esté orgulloso de ellos,
- que no lo avergüencen en público actuando como niños y
- que se mantengan lejos de su lado malo.

Los hijos criados de esta manera piensan: *Todo lo que mi padre quiere es que yo mantenga la boca cerrada, que obedezca sus reglas y que cumpla con sus expectativas. Pero nunca soy lo suficiente bueno.* O: *Mi papá nunca hace nada conmigo. No me muestra cómo hacer las cosas. No está interesado en mí en lo absoluto.*

El hombre que vive la paternidad centrado en el comportamiento está obsesionado con las preguntas: *¿Qué están haciendo mis hijos? ¿Cómo puedo hacer que se comporten?*

No obstante, el hombre cuyo objetivo es ser un padre centrado en el corazón pregunta: *¿Por qué mis hijos se portan así? ¿Cómo puedo guiarlos para que cambien la actitud de su corazón?*

A continuación, encontrarás un cuadro comparativo entre los dos estilos[1]:

PATERNAR CENTRADO EN EL COMPORTAMIENTO	PATERNAR CENTRADO EN EL CORAZÓN
Enfatiza la conformación	Enfatiza la transformación
Crea una atmósfera de temor	Crea una atmósfera de seguridad
Prioriza el control parental	Permite la libertad con límites
Se enfoca en el comportamiento presente	Se enfoca en el desarrollo futuro
Valora que se desarrolle un papel	Valora la autenticidad
Castiga con dureza a los hijos	Acompaña a los hijos
Interactúa en la superficie	Alimenta la verdadera comunicación
Supone lo peor	Cree lo mejor
Protege el estatus quo	Prioriza el crecimiento y el cambio
Dictamina desde arriba	Motiva las preguntas y la charla
Usa a las personas, promoviendo una «relación de negocios»	Da lugar a la intimidad y a la vulnerabilidad

Después de haber leído este cuadro, ¿cuál de las dos columnas te parece que describe mejor tu enfoque de la paternidad? Reflexiona sobre esto sinceramente. Sin importar el lugar de donde hayas comenzado, mi esperanza es que este capítulo te guíe a nutrir el corazón de tus hijos y ayudarlos a desarrollarse.

He aquí algunas ideas prácticas para ayudarte a vivir como un padre presente todos los días, quien con regularidad y generosidad reparte dosis de amor, estructuras, raíces y alas.

AMOR

El amor tiene muchas formas, pero siempre debería incluir expresiones verbales cuando se trata de tu familia. Nunca supongas que tus hijos saben que los amas, que crees en ellos y que estás orgulloso de ellos. En la casa donde crecí, nunca se expresaba el amor, y el daño fue devastador.

En lugar de eso, anima a tus hijos con palabras de manera constante. Trata de decirle a cada uno de tus hijos «Te amo» y «Estoy orgulloso de ti» por lo menos una vez todos los días. ¿Te parece demasiado? No lo es. Inténtalo y verás.

El amor es como una conversación. Nunca es una buena idea decir: «Estoy demasiado ocupado» cuando uno de tus hijos te quiere hablar. Si no puedes hablar en ese momento, dile que pueden hablar más tarde. Asegúrate de tomarte el tiempo necesario para discernir lo que tu hijo necesita en cada situación; sean palabras de consuelo y seguridad, de ánimo e inspiración o de amonestación. A veces, quizás necesites un abrazo, pero también pueden necesitar un empujoncito de aliento. El amor trata de tomar la decisión correcta.

El amor también se expresa sin palabras. Nunca subestimes el poder sanador del contacto físico. Abraza a tus hijos todos los días. (Si son adultos y no viven en tu casa, abrázalos cuando los veas). Si de manera regular no les muestras a tus hijos que los amas a través del afecto físico, es probable que busquen afecto físico en otro lado, de manera prematura. Un abrazo que no se da se pierde para siempre.

El amor también demanda tiempo. La mejor forma de pasar tiempo con tus hijos es la forma en que *ellos* quieren pasar el tiempo. Si les gustan los drones, llévalos a un parque donde puedan usarlos. Si a tus hijas les gusta ser porristas, asiste a sus juegos. Si les gusta el karate, aprende karate con ellos.

Programa de manera regular una cita con tus hijos. Por ejemplo, todos los jueves llevaba a cenar de manera alternada a uno de nuestros dos hijos, luego hacíamos una actividad como ir al cine, correr en los autitos de carrera, jugar algún juego en el centro comercial o tomar un helado.

Otra forma en que puedes invertir tiempo con ellos es involucrándolos en la planeación de las vacaciones familiares. Uno de los recuerdos más queridos y vívidos de mi niñez gira en torno a las vacaciones familiares.

En el capítulo 3, completaste ejercicios de reflexión con el propósito de describir cómo sentías que les fue a tus padres respecto a darte amor, estructuras, raíces y alas. Ahora deseo que cambies de rol y describas cómo te sientes respecto a lo que *tú* les estás dejando a *tus* hijos.

EJERCICIO DE REFLEXIÓN:
En general, ¿piensas que amaste a tus hijos de la forma en que necesitan ser amados?

nunca	en raras ocasiones	a veces	por lo general	siempre

ESTRUCTURAS

Una vez como familia hicimos una excursión a la Whiteside Mountain en Carolina del Norte. Allí permitimos que nuestros niños de edad preescolar caminaran a lo largo del borde de un acantilado que desciende 230 metros hasta el piso del cañón. Pudimos hacer eso porque había barandillas. Las barandillas proveían la estructura que nuestros niños (¡y mi esposa y yo!) necesitábamos para caminar con confianza.

Lo mismo sucede cuando provees la cantidad necesaria de estructuras para tus hijos. Conocer tus reglas, límites y saber qué esperar todos los días desarrolla confianza, libertad y un sentido de seguridad. Cuando edificas barandillas confiables, estás paternando su corazón.

Te permite romper el ciclo vicioso evitando dos problemas. El primer problema es *demasiadas estructuras*.

Las familias disfuncionales son hogares que, a menudo, funcionan con la regla «porque yo lo digo». Los padres están súper enfocados en el comportamiento, en lograr que los hijos se adapten y obedezcan y en el desempeño. Debido a que el amor no es el principio fundamental que gobierna, los hijos a menudo se sienten inseguros, llenos de temores y obligados a desempeñar un papel. Los padres le prestan poca atención o ninguna a lo que sucede en el corazón de los hijos y, debido a que son gobernados con mano de hierro, los niños trastabillan.

¿El segundo problema? *Estructuras insuficientes*.

El rey David, un gran hombre y ancestro de Jesús, fue también el padre de una familia increíblemente imperfecta. Encontramos dos indicios en las Escrituras respecto a por qué la familia de David fue tan disfuncional.

El primero es un comentario acerca del mal comportamiento

de su hijo Adonías: «Ahora bien, su padre, el rey David, jamás lo había disciplinado, ni siquiera le preguntaba: "¿Por qué haces esto o aquello?"» (1 Reyes 1:6). En otras palabras, David era un padre pasivo y permisivo.

Luego, 1 Crónicas 27:32 nos dice que: «Jehiel, el hacmonita, era responsable de la educación de los hijos del rey». O, dicho de otra manera, David era un padre ausente que no se involucraba con sus hijos. No proveía suficientes estructuras.

Debido a que David fue un fracaso como padre, sus hijos sufrieron inmensamente. Su hijo Amnón violó a Tamar, la hija de David. Como resultado, su hijo Absalón asesinó a Amnón. Su hijo Adonías intentó hacer un golpe de estado. Y, al final, Absalón también se reveló y derrocó a su padre.

La disfunción y las aflicciones resultantes de la falta de estructuras por parte de David, nos ofrecen un ejemplo extremo que nos da qué pensar. Que esta sea una historia de advertencia: tus hijos necesitan estructuras y límites. Construye barandillas para que sean sabios y se sientan seguros sobre lo que está permitido y lo que no.

EJERCICIO DE REFLEXIÓN:
En general, ¿piensas que les diste a tus hijos la cantidad suficiente de estructuras?

nunca	en raras ocasiones	a veces	por lo general	siempre

RAÍCES

Para darles raíces a tus hijos debes satisfacer un amplio espectro de necesidades para criar hijos sanos y seguros de sí mismos. Docenas de teorías y miles de libros abordan este tema, pero una forma de simplificar lo que los hijos necesitan está plasmada en un modelo que, a menudo, usan los psicólogos, que se llama: La jerarquía de necesidades de Maslow[2].

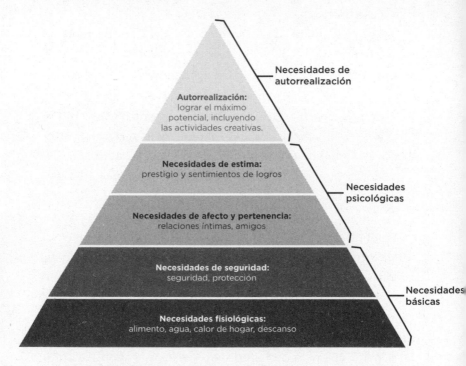

Este modelo plantea que las necesidades que están en la base de la jerarquía (como alimento, refugio y seguridad) deben ser satisfechas antes de que la persona tenga la habilidad y la libertad para enfocarse en los niveles de necesidad que están más arriba en la jerarquía (como autoestima o alcanzar el máximo potencial).

Como puedes ver, las necesidades de tus hijos varían desde las más básicas a las más profundas. Sin lugar a dudas, proveer raíces significa poner un techo sobre su cabeza y comida en la mesa.

Sin embargo, proveer raíces también significa darles a tus hijos la seguridad de un hogar seguro, predecible y estable.

Significa crear un espacio donde tus hijos se sientan protegidos, aceptados y amados de manera incondicional. Significa que pueden confiar en que les darás respuestas razonables y que serás predecible.

Por ejemplo, es una gran bendición que, si tu hijo tiene que enfrentar a bravucones en la escuela, anhele volver a casa donde sabe que encontrará un ambiente estable. El mejor antídoto para todo, incluyendo la presión de los pares o la inseguridad, es un padre amoroso e involucrado.

Debido a que la jerarquía de Maslow no incluye de manera expresa las necesidades espirituales, deberías añadir una categoría para «desarrollo espiritual» a tu propia lista de las raíces que quieres nutrir.

EJERCICIO DE REFLEXIÓN:

En general, ¿piensas que les diste raíces a tus hijos?

nunca	en raras ocasiones	a veces	por lo general	siempre

ALAS

Nada es más importante para ti que ayudar a cada uno de tus hijos a desarrollar su sentido de identidad: una convicción clara de quiénes son y de lo que es su vida.

Por supuesto, harás algo de esto de manera natural desde el día que nacen. Sin embargo, cuánto mayor sea tu intención de promover su identidad e independencia ahora, más fuertes serán sus alas cuando dejen el nido.

¿Cómo puedes ayudar a tus hijos a desarrollar alas para que se vuelvan adultos maduros e independientes? Para darles un empujón a tus ideas, escribe algunas respuestas para las siguientes preguntas:

¿Cuáles son las capacidades que deseas que adquieran tus hijos?

_____

_____

_____

_____

_____

¿Qué creencias, actitudes y valores esperas que adopten?

_____

_____

_____

_____

_____

¿Qué rasgos de la personalidad esperas que desarrollen?

_____

_____

_____

_____

_____

¿Qué relaciones clave te gustaría que establecieran?

_____

_____

_____

_____

_____

Todos los niños tienen capacidades, habilidades y talentos naturales. ¿Cómo puedes alentar a tus hijos para que desarrollen los suyos?

Una vez que tengas una perspectiva más clara de las alas que deseas darles a tus hijos, compártelas con ellos durante la cena. Hazlo en dosis diarias.

Otra actividad que fortalece las alas es tener devocionales como familia. Comparte tus pensamientos sobre un versículo o tema y, luego, pídeles a tus hijos que compartan lo que ellos piensan al respecto. Estas conversaciones los ayudarán a edificar su sentido de identidad en torno a quien Cristo dice que son en él. La mejor rutina para los devocionales es la que mejor funcione para _tu_ familia. Cuando nuestros hijos eran niños, nos reuníamos tres veces a la semana antes de la escuela para hacer un devocional familiar de quince minutos, excepto los veranos. Era sencillo y funcionaba.

A medida que tus hijos vayan pasando por diferentes edades y épocas, incrementar sus responsabilidades los ayudará a apuntalar la confianza en sí mismos. Un fortalecedor de alas importante cuando están comenzando la escuela, por ejemplo, es enseñarles a estudiar y a completar las tareas. A medida que crecen, puedes ayudarlos a explorar sus habilidades e intereses en diferentes áreas como atletismo o artes. Todas estas cosas les darán un impulso a su autoestima.

A medida que se desarrollan en la adolescencia, animarlos a ser más independientes significa ayudarlos a responder preguntas más profundas acerca del significado y propósito de la vida, cómo conocer a Dios, cuándo y cómo tener novia, por qué el sexo fue diseñado para la relación del matrimonio, qué buscar en una esposa, qué opciones vocacionales pueden elegir y qué orientaciones educacionales pueden tomar.

Ya que lo que sea que decidas importa, debes ser intencionado al respecto.

EJERCICIO DE REFLEXIÓN:
En general, ¿crees que les estás dando alas a tus hijos?

nunca	en raras ocasiones	a veces	por lo general	siempre

PEDIRLE AYUDA A DIOS

Al final del día, como padres, somos los más comprometidos en darles a nuestros hijos amor, estructuras, raíces y alas. Tal vez otros los amen profundamente, pero nosotros somos aquellos que Dios designó para cuidarlos y criarlos. Construir un hogar feliz y saludable es una gran responsabilidad; una que requiere toda la ayuda que nos puedan dar. Lo primero de la lista es pedir ayuda a Dios. Como escribió el salmista: «Si el Señor no construye la casa, el trabajo de los constructores es una pérdida de tiempo» (Salmo 127:1).

Estoy acostumbrado a hacer senderismo y excursionismo en solitario. Cuando la gente me pregunta si no me preocupa ir solo, respondo: «Nunca estoy realmente solo, porque Dios está siempre conmigo. No importa con qué me encuentre en el camino, juntos somos mayoría». De la misma manera, tú y Dios son una mayoría en todas las situaciones. Como tal, asegúrate de pedirle a Dios su favor y sabiduría a través de la oración a lo largo del camino: «Si necesitan sabiduría, pídansela a nuestro generoso Dios, y él se la dará; no los reprenderá por pedirla» (Santiago 1:5).

Si no estás acostumbrado a orar por tus hijos y te sientes inseguro respecto a por dónde empezar, considera hacer una lista de lo que esperas que ellos logren para su vida y su carácter. Por ejemplo, todos los días de la vida de mis hijos hasta que se fueron de casa, oré para que ellos tuvieran:

- una fe salvadora
- una fe que crezca
- una fe independiente
- una mente, un cuerpo y un espíritu fuertes y saludables
- un sentido de propósito
- un deseo de integridad
- un compromiso con la excelencia
- un entendimiento del ministerio que Dios tiene para ellos
- sabiduría
- protección contra las drogas, el alcohol y el sexo premarital
- el deseo de glorificar al Señor en todo

Además, oraba para que pudiera separar un tiempo de calidad para pasarlo con ellos y por sus futuros cónyuges.

Considera lo siguiente: como el padre de tus hijos, tú (junto con tu esposa) quizás seas la única persona en el mundo que oras por ellos de manera regular.

CONCLUSIÓN

Me fui de casa porque no me sentía amado. Sentía que no le importaba a nadie. Es probable que eso no haya sido cierto, pero es lo que recuerdo: cómo me hacían sentir.

No obstante, siempre me preguntaré lo diferente que podría haber sido mi familia si algún hombre mayor le hubiera mostrado a mi papá cómo vivir la paternidad desde corazón de sus cuatro hijos. Solo imagínate cuántos otros hombres como mi padre habrán, así como sus hijos e hijas, a quienes solo les queda preguntarse: *¿Qué pasó que todo salió tan mal?* Es un pensamiento abrumador, ¿verdad?

En el capítulo final, deseo mostrarte cómo puedes transmitir a otros hombres en nuestro orden fraternal de niños quebrantados lo que aprendiste y viviste. Recuerda, somos millones.

REFLEXIÓN Y DISCUSIÓN

1. ¿Cómo resumirías la diferencia entre vivir la paternidad centrado en el comportamiento y vivirla centrado en el corazón? (Remítete a la tabla de la página 207).

2. ¿Eres, o estás listo para ser, un padre presente todos los días, que da con generosidad dosis de amor, estructuras, raíces y alas? ¿Cuáles son los cambios que hiciste, o necesitas hacer, para que eso suceda?

3. ¿Cómo te calificaste a ti mismo en los ejercicios de reflexión en lo que respecta al amor, las estructuras, las raíces y las alas? ¿Tomaste algunas ideas que podrían ser implementadas con rapidez y facilidad?

18

CÓMO SER AMIGO DE HOMBRES CON HERIDAS SIMILARES

LO LOGRASTE. Sí, sufriste mucho. Estuviste agotado y cargado. Pero ahora estás seguro dentro de la cerca. Ya estás sano, dependiendo de la severidad de tus heridas, comenzaste a sanar.

Sí, caminas cojeando. No obstante, tienes la confianza y la sensación de que vas a estar bien. Mejor que bien; puedes sentir que vas a cumplir con el credo del quebrador del ciclo (ver página 83).

Sin embargo, todavía hay millones de niños quebrantados fuera de la cerca. Viven en una zona de guerra. Todavía están bajo fuego. Todavía están heridos.

Estos hombres son amigos, vecinos, colegas, hijos, padres y hermanos. Ellos todavía cargan los residuos del dolor de sus heridas de la niñez. Todavía están comportándose mal. Cerrándose al mundo. Ofendiéndose con facilidad. Explotando emocionalmente. Todavía están desconcertados por su comportamiento. Todavía se preguntan: *¿Hay algo mejor que esto?*

¿Quién rescatará a estos hombres?

NOSOTROS SOMOS LA SOLUCIÓN QUE ESTUVIMOS BUSCANDO

No te sorprendas si te sientes impulsado a ayudar a otros hombres que están tratando de quebrar el ciclo vicioso. Los hombres más calificados para ayudar a otros niños quebrantados a restaurarse son aquellos que caminaron en sus zapatos.

El último paso de los Alcohólicos Anónimos es: «Habiendo obtenido un despertar espiritual como resultado de estos pasos, tratamos de llevar este mensaje a los alcohólicos y de practicar estos principios en todos nuestros asuntos»[1].

Mientras estás sanando, no siempre tendrás la capacidad de preocuparte profundamente por otros hombres que están sufriendo las mismas penas. Eso es entendible. No obstante, como un alcohólico en recuperación que ayuda a otros alcohólicos, una vez que te hayas convertido en un hombre restaurado, puedes ayudar a otros niños quebrantados.

La sanidad que recibiste no es solo para ti. A través de las relaciones, puedes ayudar a otros hombres a entender lo que les sucedió, a sanar sus heridas de la niñez y a quebrar el ciclo vicioso.

Las relaciones son una parte normal del proceso de sanidad de Dios. El apóstol Pablo lo dijo de la siguiente manera:

> Toda la alabanza sea para Dios, el Padre de nuestro
> Señor Jesucristo. Dios es nuestro Padre misericordioso
> y la fuente de todo consuelo. Él nos consuela en todas

nuestras dificultades para que nosotros podamos consolar a otros. Cuando otros pasen por dificultades, podremos ofrecerles el mismo consuelo que Dios nos ha dado a nosotros.

2 CORINTIOS 1:3-4

Encontrarás un profundo sentido de satisfacción y plenitud personal ayudando a otros con la ayuda que recibiste.

De hecho, todos los aspectos del proceso bíblico para la sanidad que estuvimos analizando funcionan mejor en el contexto de las relaciones. Un estudio realizado por investigadores de Harvard durante ochenta y cinco años lo confirma: la clave número uno para una vida feliz, saludable y larga es tener relaciones positivas[2].

El criterio que utilizó Jesús es la construcción de relaciones. Se rodeó de un grupo pequeño de hombres y desarrolló relaciones profundas que cambiaron su vida. Entonces ellos, a su vez, construyeron relaciones con otros, quienes edificaron relaciones con otros; esto cambió el mundo.

Como sabes de primera mano, las nueve características hacen que sea difícil formar y mantener amistades cercanas. Irónicamente, cuánto más desesperadamente un hombre necesita las relaciones, más difícil parece ser para él hacerlas funcionar.

Como alguien que entiende y siente empatía porque estuviste en la misma situación, puedes marcar una diferencia. Cuando lo hagas, te darás cuenta de que ayudar a otros hombres a cambiar su vida es uno de los gozos más grandes que puedes tener.

Además, cuando te sientes deprimido o atascado, ayudar a los demás es una forma maravillosa de salir de la depresión. Al psiquiatra Karl Menninger le preguntaron qué acción recomendaría si una persona sintiera que está a punto de tener un colapso nervioso. Respondió: «Cierra con llave tu casa, cruza la calle, busca a alguien en necesidad y haz algo por esa persona».

Si estás listo para comenzar, a continuación, encontrarás dos puntos de fácil aplicación.

Tómate un café

Comienza con pasos pequeños y toma la iniciativa. Invita a un hombre a tomar un café contigo. La mayoría de los hombres responderán de manera positiva si sienten que te preocupas genuinamente por ellos.

Cuando estén juntos, la meta es tener una conversación real sobre cosas reales. Una vez que hayas desarrollado una buena relación, pídele al otro hombre que comparta su historia. No necesitas tener un título ni capacitación especial para ayudar. El Kairos Prison Ministry (Ministerio carcelario Kairos) tiene un lema: «Escucha, escucha, ama, ama». En pocas palabras, eso es todo. Entre las reflexiones y los ejercicios que hiciste mientras estabas leyendo este libro, tienes conocimiento más que suficiente para ser un buen oyente.

Después de que le hayas permitido decir todo lo que necesitaba decir, ofrécele contarle tu historia. Pídele permiso; no lo presiones. No obstante, debido a que escuchaste lo que tenía que decir, es muy posible que él también quiera escuchar lo que tengas que decir.

Cuando cuentes tu historia, permítete ser vulnerable y abierto. Comparte detalles sobre tu vida porque eso es lo que hacen los amigos. Como el apóstol Pablo, puedes consolarlo con el consuelo que recibiste de parte de Dios.

Después de haber sufrido en soledad la mayor parte de su vida adulta por las heridas causadas por su padre, Craig experimentó el poder de compartir historias. Dice:

> Poder hablar de manera abierta y procesar las cosas con otros muchachos [...] nunca antes había podido hacer eso. Comencé a darme cuenta de que todo aquello por lo cual estaba pasando (mi dolor, heridas, adicción al trabajo y el pecado) era algo que estos muchachos podían entender. Fue poderoso descubrir de repente que no era el único y que nunca más volvería a estar solo.

Comienza un grupo

Invita a un hombre o a un grupo pequeño de hombres a leer este libro contigo y a reunirse de manera regular para hablar sobre las preguntas del final de cada capítulo.

Establece las pautas para las reuniones como un líder que guía con el ejemplo siendo vulnerable, empático y confidente. Haz que el grupo sea un lugar seguro donde los hombres puedan hablar sobre cómo las nueve características los están afectando tanto a ellos como a su matrimonio, hijos, trabajo y relación con Dios.

Cuando eres parte de un grupo de hombres que están rompiendo el ciclo vicioso juntos, algo poderoso y sinérgico sucede. Se dice que la antropóloga Margaret Mead afirmaba: «Nunca dudes de que un pequeño grupo de ciudadanos comprometidos y considerados pueden cambiar el mundo; sin lugar a dudas, es la única cosa que alguna vez lo hizo».

Mira la «Guía: Cómo dirigir un grupo de discusión» en la página 235 para conocer más ideas y consejos sobre cómo comenzar un grupo.

EL LLAMADO SUPREMO A RESTAURAR NIÑOS QUEBRANTADOS

Restaurar hombres es un trabajo urgente. Lo que está en juego es importante no solo para los hombres, sino también para su familia y comunidad. La clave para ayudarlos a sanar es construir relaciones significativas con esos hombres.

Si quieres ver a los hombres experimentar la sanidad y la transformación más profunda y duradera, debes mostrarles cómo construir la relación que más importa: conocer a Jesús.

Un proverbio chino dice: «El mejor momento para plantar un árbol fue hace veinte años atrás. El segundo mejor momento es ahora». Mostrarles a los hombres cómo ser seguidores de Jesús ahora es lo que marcará toda la diferencia para ellos en veinte años a partir de ahora. El psiquiatra suizo Carl Jung observó:

> Traté a cientos de pacientes. [...] Entre todos mis pacientes en la segunda mitad de la vida —es decir, mayores de treinta y cinco años—, no hubo ni siquiera uno cuyo problema en última instancia no haya sido la falta de una perspectiva religiosa sobre la vida. Puedo decir con seguridad que todos ellos se sentían enfermos porque habían perdido lo que las religiones vivas de todas las épocas les dieron a sus seguidores, y ninguno de ellos fue curado en realidad, sino solo aquellos que recuperaron su perspectiva religiosa[3].

No importa cómo tu amigo, colega, vecino, hijo haya llegado a estar en su situación actual, sea por las heridas que le hacen daño o el dolor que causa en los demás debido a sus heridas, la solución prescrita en nuestro proceso de miles de años es el discipulado.

Hacer discípulos por medio de relaciones auténticas es la forma designada por Dios para liberar el poder de su evangelio en todos los problemas que los hombres enfrentamos.

¿Todavía no estás seguro de ser la persona indicada? Dios trabaja a través de los presentes y dispuestos, no de los ausentes y capaces. En la Biblia, cuando el profeta Isaías fue sanado, escuchó la voz del Señor que le decía: «¿A quién enviaré como mensajero a este pueblo? ¿Quién irá por nosotros?». Sobrecogido por lo que Dios había hecho por él, Isaías estuvo dispuesto, incluso deseoso, a responder al llamado: «Aquí estoy yo —le dije—. Envíame a mí» (Isaías 6:8).

¿Tú también estás dispuesto a ir? Quizás seas ese hombre que Dios puede usar para ayudar a otros niños quebrantados a volverse hombres restaurados.

REFLEXIÓN Y DISCUSIÓN

1. ¿Sientes que has avanzado lo suficiente en tu sanidad como para hacer lo que dijo Pablo: «Consuelen a los que están atribulados con el mismo consuelo con que Dios nos consuela a nosotros»? Explica tu respuesta.

2. ¿Quiénes son los hombres que conoces que, tal vez, sean niños quebrantados? Si estás listo, ¿a cuál de ellos podrías invitar a tomar un café en los próximos días?

3. ¿Quiénes son los hombres a quienes podrías invitar a unirse a un grupo de charlas que se junte todas las semanas? Cada uno de ustedes debe leer un capítulo de antemano y, luego, charlar sobre las preguntas del final de cada capítulo. Haz de tu grupo un lugar seguro donde los hombres puedan compartir cómo las nueve características los están afectando tanto a ellos como a su matrimonio, hijos, lugares de trabajo y relación con Dios. La «Guía: Cómo dirigir un grupo de discusión» que se encuentra el final de este libro presenta más ideas para sacar el mayor provecho de este libro en grupo.

4. ¿Hubo algún hombre que te haya ayudado a identificar y a sanar tus heridas de la niñez y a quebrar el ciclo? Considera la posibilidad de enviarle una nota de agradecimiento.

EPÍLOGO

GRACIAS POR PERMITIRME SER PARTE de tu historia por algunas horas. Sinceramente espero y oro que Dios haya usado estas páginas para ayudarte a sanar, o para comenzar el proceso de sanidad, de tus heridas de la niñez y a quebrar el ciclo vicioso para tu bien y el de tu familia.

Dios te ama más de lo que cualquiera podría describir con simples palabras y solo quiere lo mejor para ti. Como un padre amoroso, te proveerá todo lo que necesitas para cambiar tu vida. Lo prometió en repetidas ocasiones en el proceso bíblico que hemos analizado.

Como tu hermano mayor del orden fraternal de los niños quebrantados, me gustaría dejarte cuatro sugerencias:

- Primero, lee de nuevo este libro. Todo hemos visto la misma película más de una vez y hemos dicho: «Ah... ahora entiendo de qué se trata». Aquí el principio es el mismo. Te presenté muchos términos y conceptos nuevos, los cuales vas a entender mejor después de la segunda leída, sobre todo ahora que puedes ver todo el arco del proceso.

• Segundo, sé transparente con uno o dos amigos. Casi todos los cambios significativos que observé en la vida de los hombres tuvieron lugar, al menos en parte, porque ellos se involucraron en relaciones auténticas con otros hombres. La clave es ser sincero. Y lo maravilloso es que en vez de que los hombres te rechacen, se sentirán atraídos hacia tu humildad y vulnerabilidad.

• Tercero, discute este libro en grupo. Para tu propio beneficio, por supuesto. No obstante, aunque pienses que no necesitas debatir el libro, otros hombres sí; en especial los más jóvenes que están tratando de entender lo que significa ser un hombre, esposo y padre saludable que está presente. Podrías marcar una diferencia real en su vida. Y si tú nos los ayudas, entonces, ¿quién lo hará?

• Cuarto, afirma o reafirma tu fe. Mis libros cubren un rango completo de temas para hombres, pero cada uno de ellos fue escrito para ayudarte a vencer algunos obstáculos específicos de la fe. En este libro, ese obstáculo son las heridas persistentes de tu niñez. Sinceramente espero que hayas experimentado el avance suficiente como para sentirte impulsado a afirmar, reafirmar o renovar tu fe en Jesús.

Aunque es probable que nunca nos hayamos conocido ni lleguemos a conocernos, creo que puedes hacerlo. Puedes cambiar tu vida con la ayuda de Dios y con las personas correctas en tu vida. No te detengas ahora. Permite que este libro sea el comienzo de una nueva y hermosa etapa de la vida para ti.

RECONOCIMIENTOS

LA CREACIÓN Y PUBLICACIÓN DE ESTE LIBRO requirió la habilidad, sabiduría y conexiones de docenas de personas con cientos de años de experiencia colectiva. Como los créditos que se despliegan al final de una película, algunas de sus contribuciones fueron tan importantes que deben ser agradecidas en público.

Primero y principal: mi esposa, Patsy; siempre fue mi primera lectora y mi mejor orientadora. Nuestra hija, Jen, hizo recomendaciones clave. Lottie Hillard es la consejera que me ayudó a entender por primera vez que podía enfrentar la verdad, confrontar mis heridas de la niñez y sanar.

Mis otros primeros lectores son todos hombres cuya retroalimentación identificó dónde necesitaba explicarme mejor si quería darle al blanco, en lugar de pasarle cerca. Gracias, Jeff Bach, Connor Jones, Aubrey Truex, Winn Truitt y John Vonberg. Gracias también a Ruth Ford, quien hizo la primera edición sustancial y me ayudó a sacar la basura; como lo viene haciendo desde hace treinta años.

En especial deseo agradecer a Jamie Turco por la corrección y la edición sustancial de este libro. Nadie me ayuda mejor que Jamie a decir lo que se necesita decir de la forma en que me gusta escribirlo. Además de haber sido una colega genial en el ministerio The Man in the Mirror (El hombre frente al espejo) durante dieciocho años (¡y todavía no tiene ni cuarenta años!), es una amiga querida.

Erik y Robert Wolgemuth han sido mis amigos y agentes literarios durante más de treinta años. Su amor por mí personalmente, así como su fe en mi mensaje, me permitió trabajar con las editoriales de literatura cristiana de mayor calidad del mundo. Estoy profundamente agradecido.

El respaldo del equipo de The Man in the Mirror (El hombre frente al espejo), y su entusiasmo por este libro en particular, fue un impulso poderoso todos los días. Gracias.

Desde el primer día que conocí a Jon Farrar en Tyndale House Publishers, supe que Tyndale sería la combinación perfecta para la misión de este libro. No me equivoqué. Su entusiasmo y pasión por poner este libro en las manos de tantos hombres como sea posible me enseñó humildad y además fue apasionante. En especial me gustaría mencionar y agradecer a los siguientes miembros del equipo de Tyndale: Ron Beers, Donna Berg, Wendie Connors, Kaylee Frank, Claire Lloyd, Andrea Martin, Jennifer Phelps, Lois Davisson y Jonathan Schindler.

GUÍA: CÓMO DIRIGIR
UN GRUPO DE DISCUSIÓN

No necesitas ser un maestro experimentado ni un mediador de debate para dirigir una discusión sobre *De niño quebrantado a hombre restaurado*. Sea que ya tengas un grupo o desees comenzar un nuevo grupo, puedes facilitar discusiones profundas siguiendo estas pautas.

¿ERES PARTE DE UN GRUPO EXISTENTE?

Planea reuniones regulares para discutir las preguntas del final de cada capítulo. Aunque este libro fue escrito para los hombres, tu grupo de discusión puede incluir hombres, mujeres o una audiencia mixta.

¿DESEAS COMENZAR UN NUEVO GRUPO?

El tamaño óptimo de un grupo es de cuatro a doce personas. Debes dar por sentado que habrá algunos miembros que, en algunas ocasiones, no asistirán algún encuentro.

Haz fotocopias de la tabla de contenidos y de las preguntas del final de un par de capítulos. Luego entrégales las copias a las personas con quienes deseas reunirte. Pregúntales si les gustaría ser parte de un grupo de discusión que lea el libro y responda las preguntas del final de cada capítulo. Puede ser un grupo del trabajo, de la iglesia, de tu vecindario o combinados como quieras.

Pídeles que hagan un compromiso de cuatro semanas para discutir la primera parte, «Desenmarañando las heridas de tu niñez». Si el grupo se consolida, continúa con los capítulos que siguen.

DECIDE CUÁNDO Y DÓNDE QUIERES REUNIRTE

La mayoría de los grupos se reúne una vez por semana, pero muchos grupos exitosos se reúnen semana de por medio o una vez al mes. Debido a los temas de discusión, escoge una ubicación que propicie conversaciones más profundas y personales, tal como una casa o un café donde puedan sentarse afuera.

DECIDE POR CUÁNTO TIEMPO DESEAN REUNIRSE

La mayoría de los grupos se reúnen por una o dos horas, dependiendo de la parte del día y de las limitaciones del horario. Para una reunión de una hora a la mañana antes del trabajo, por ejemplo, este podría ser un buen programa:

- Haz una pregunta para romper el hielo con el propósito de ayudar a las personas a abrirse, tal como: «¿Alguien tuvo una semana particularmente buena o difícil?». (5 minutos)
- Hablen acerca de las preguntas del final del capítulo. (45 minutos)
- Oren los unos por los otros como grupo. (10 minutos)

En caso de que las reuniones sean más largas, usen el tiempo adicional para discusiones más profundas. O, si se reúnen durante el desayuno o el almuerzo, permite que tengan tiempo extra para comer.

ANTES DE REUNIRSE, DISTRIBUYE LAS COPIAS DEL LIBRO

Ten lista una copia del libro para cada miembro. (Pueden darte el dinero de las copias luego). Pídele a los miembros del grupo que vengan a la primera reunión habiendo leído los primeros dos capítulos y preparados para responder las preguntas del final del capítulo 2. (Después de esa reunión inicial, podrías escoger cubrir un capítulo por vez).

DESAFÍA A TODOS LOS MIEMBROS A LEER ANTES DE LAS REUNIONES

Un líder me contó una vez sobre un grupo pequeño que obtuvo resultados combinados. Dijo: «Las personas que leen el capítulo que estamos estudiando antes de venir a la reunión crecen; las que no lo leen se estancan. Los que se estancan simplemente no pueden entender por qué su vida no cambia».

SÉ PUNTUAL

Comenzar y finalizar a la hora señalada edifica la confianza.

GUÍA LA DISCUSIÓN

La clave para un grupo de discusión exitoso es asegurarse de que cada miembro tenga «su tiempo al aire». Mientras haces las preguntas de reflexión y discusión en orden, cada semana anima a cada uno de los participantes a compartir sus pensamientos, experiencias e ideas.

No hables por más del 25% del tiempo. Si hay silencio cuando hagas una pregunta, no trates de llenar el espacio.

Si tienes un grupo de gente especialmente callada, toma la iniciativa y dirígete a las personas por nombre, por ejemplo: «John, ¿cómo responderías la pregunta 3?». No obstante, siente su ritmo. Si no están listos para hablar no los obligues.

Si, por el contrario, un miembro del grupo de manera constante domina la conversación, pídele en forma privada que te ayude a motivar a los miembros del grupo que son más tímidos para que participen.

Si un miembro del grupo hace una pregunta que no está relacionada con el tema, la cual distrae al grupo de la conversación, haz la sugerencia de hablar de ese tema en otro momento.

Y si alguno te hace una pregunta que supera tu conocimiento, simplemente reconoce que no sabes y sigan adelante. No necesitas ser un maestro o consejero; tu función solo es guiar la discusión.

PREOCUPARSE

El sentirse valorado es lo que sostiene a un grupo. Cada vez que alguien viene a la reunión, esa persona decidió dejar de hacer otra cosa. Entonces, ¿qué es lo que los hombres valoran en realidad?

Los hombres vendrán si sienten que te preocupas por ellos genuinamente. La vida puede ser despiadada, en especial cuando se intenta manejar las heridas abiertas. Todos necesitamos ser animados.

Llama o envía un mensaje de texto a cada uno de los miembros del grupo semanalmente; el día antes de la reunión para recordarles, pero también para estar en contacto y saber cómo están. Preocuparse por el otro es el punto que lleva al éxito o al fracaso.

NOTAS

EPÍGRAFE

1. Esta es una definición adaptada de Dictionary.com, s.v. «quebrantado (adj.)», «restaurado (adj.)», página accedida el 16 de mayo del 2023, https://www.dictionary.com/browse/broken, https://www.dictionary .com/browse/mended.

UNO: EL ORDEN FRATERNAL DE LOS NIÑOS QUEBRANTADOS

1. Terrence Real, *I Don't Want to Talk about It: Overcoming the Secret Legacy of Male Depression* [No quiero hablar sobre esto: Venciendo el legado secreto de la depresión masculina] (Nueva York: Fireside, 1998), 146.
2. Terence T. Gorski, *Getting Love Right: Learning the Choices of Healthy Intimacy* [Amando correctamente: Conociendo las opciones para una intimidad saludable] (Nueva York: Touchstone, 2012), 29.

TRES: CÓMO NOS HIRIERON NUESTROS PADRES

1. Arthur C. Brooks, *From Strength to Strength* [De fortaleza en fortaleza] (Nueva York: Portfolio, 2022), 49.

CUATRO: ENTENDIENDO TUS HERIDAS: PRIMERA PARTE

1. Gabriel A. Orenstein y Lindsay Lewis, «Eriksons Stages of Psychosocial Development» [Etapas de desarrollo psicosocial de Erickson], StatPearls, actualizado el 7 de noviembre del 2022, https://www.ncbi.nlm.nih.gov /books/NBK556096/.
2. Rhona Lewis, «Erikson's 8 Stages of Psychosocial Development, Explained for Parents» [Las ocho etapas del desarrollo psicosocial de Erickson, explicadas para los padres], Healthline, 28 de abril del 2020, https://www.healthline.com/health/parenting/erikson-stages.

3. James Garbarino, *Lost Boys: Why Our Sons Turn Violent and How We Can Save Them* [Niños perdidos: Por qué nuestros hijos son violentos y cómo podemos salvarlos] (Nueva York: The Free Press, 1999), 81.

CINCO: ENTENDIENDO TUS HERIDAS: SEGUNDA PARTE

1. Patrick Morley, *Man Alive: Transforming Your Seven Primal Needs into a Powerful Spiritual Life* [Hombre vivo: Transformando tus siete necesidades primarias en una vida espiritual poderosa] (Colorado Springs: Multnomah, 2012).
2. James Garbarino, *Lost Boys: Why Our Sons Turn Violent and How We Can Save Them* [Niños perdidos: Por qué nuestros hijos son violentos y cómo podemos salvarlos] (Nueva York: The Free Press, 1999), 34–35.

OCHO: CÓMO HACER DUELO POR LO QUE DEBERÍA HABER SIDO

1. *Diccionario integral del español de la Argentina*, s.f. «duelo (*s.*)» (Buenos Aires: Voz activa 2008), 628.

NUEVE: CÓMO ENCONTRAR DESCANSO PARA TU ALMA

1. *Alcoholics Anonymous: The Story of How Many Thousands of Men and Women Have Recovered from Alcoholism* [Alcohólicos Anónimos: La historia de cómo muchos miles de hombres y mujeres se recuperaron del alcoholismo] 4.ª ed. (Nueva York: Alcoholics Anonymous World Services, 2001), 59–60.
2. *Alcoholics Anonymous*, 58–59.

ONCE: REPENSANDO LAS HISTORIAS DE TUS PADRES

1. Laurence Geller, (Conferencia, International Churchill Society, apertura de la exposición «Churchill's Shakespeare» [El Shakespeare de Churchill], Folger Library, Washington, DC, 21 de octubre del 2018), https://winston churchill.org/resources/in-the-media/churchill-in-the-news/folger-library -churchills-shakespeare/.
2. Sally Kohn y Erick Erickson, «Relationship across Rupture» [Relación a lo largo de la ruptura], 11 de octubre del 2018, en *On Being* [Siendo] con Krista Tippett, pódcast, MP3 audio, 12:15, https://onbeing.org/programs /sally-kohn-and-erick-erickson-relationship-across-rupture-oct18/.

TRECE: CÓMO RECONSTRUIR TUS RELACIONES (O PONER LÍMITES): SEGUNDA PARTE

1. Joseph Grenny *et al.*, *Crucial Conversations: Tools for Talking When Stakes Are High*, 3.ª ed. (Nueva York: McGraw Hill, 2022), 3. Publicado en español como *Conversaciones cruciales: Herramientas para comunicar mejor cuando más se necesita*.

CATORCE: EL GOZO DE CAMINAR COJEANDO

1. Ver Lucas 6:23; 1 Pedro 1:6-7; y Romanos 5:3-5, respectivamente.

QUINCE: RECONOCIENDO LAS FORMAS EN QUE USASTE TUS HERIDAS COMO ARMA

1. Charles Finney, *Lectures on Revivals of Religion* [Conferencias sobre el avivamiento de la fe] (Oberlin, OH: E. J. Goodrich), 1868, 1:194.
2. *Alcoholics Anonymous: The Story of How Many Thousands of Men and Women Have Recovered from Alcoholism* [Alcohólicos Anónimos: La historia de cómo muchos miles de hombres y mujeres se recuperaron del alcoholismo], 4.ª ed. (Nueva York: Alcoholics Anonymous World Services, 2001), 59–60.
3. Una versión resumida está incluida en mi libro *Man Alive* [Hombre vivo].

DIECISÉIS: CAMBIANDO LA TRAYECTORIA DE TU MATRIMONIO

1. Lane Cooper, *Louis Agassiz as a Teacher: Illustrative Extracts on His Method of Instruction* [Luis Agassiz como maestro: Extractos ilustrativos sobre su método de instrucción] (Ithaca, NY: Cornstock Publishing Company, una impresión de Cornell University Press, 1945), 43.

DIECISIETE: CRIANDO A TUS PROPIOS HIJOS

1. Este cuadro fue adaptado del libro de Patrick Morley y David Delk, *The Dad in the Mirror: How to See Your Heart for God Reflected in Your Children* (Grand Rapids, MI: Zondervan, 2003), 31. Se basa en parte en el trabajo del Dr. Rod Cooper. Publicado en español como *El papá frente al espejo: Cómo ver tu entrega a Dios reflejada en tus hijos*.
2. Saul McLeod, «Maslow's Hierarchy of Needs» [Jerarquía de las necesidades de Maslow], Simply Psychology, actualizado el 21 de marzo del 2023, https://www.simplypsychology.org/maslow.html.

DIECIOCHO: CÓMO SER AMIGO DE HOMBRES CON HERIDAS SIMILARES

1. *Alcoholics Anonymous: The Story of How Many Thousands of Men and Women Have Recovered from Alcoholism* [Alcohólicos Anónimos: La historia de cómo muchos miles de hombres y mujeres se recuperaron del alcoholismo], 4.ª ed. (Nueva York: Alcoholics Anonymous World Services, 2001), 60.
2. Marc Schulz y Robert Waldinger, «An 85-Year Harvard Study Found the N.º 1 Thing that Makes Us Happy in Life: It Helps Us "Live Longer"» [Un estudio de Harvard de 85 años descubrió la cosa n.º 1 que nos hace

felices en la vida: Esta nos ayuda a "vivir más"»], CNBC Make It, 10 de febrero del 2023, https://www.cnbc.com/2023/02/10/85-yearharvard studyfoundthesecrettoalonghappyandsuccessfullife.html.

3. Carl Gustav Jung, *Modern Man in Search of a Soul* [El hombre moderno en busca de un alma] (Eastford, CT: Martino Fine Books, 2017), 264.

ACERCA DEL AUTOR

El Dr. Patrick Morley es el fundador de Man in the Mirror (Hombre en el espejo), un ministerio global que impacta a miles de iglesias y a millones de hombres (ManInTheMirror.org). Después de construir lo que llegó a ser una entre las cien empresas privadas más grandes de Florida cuando tenía treinta y cinco años de edad, Patrick pensó: *Debe haber cosas más importantes en la vida que esto*. Motivado por su propia búsqueda de significado y propósito, comenzó un estudio bíblico semanal en un bar con un puñado de varones en 1986, un estudio que ahora alcanza a miles de hombres alrededor del mundo cada semana (PatrickMorley.com). Escribió veintitrés libros, incluyendo *El hombre frente al espejo*, nombrado uno entre los cien libros cristianos más influyentes del siglo xx. Él y su esposa viven en Winter Park, Florida.